ZUM BEISPIEL
KEN SARO-WIWA

von
Manfred Loimeier

mit Beiträgen von Bob Drogin,
Holger Ehling, Willfried Feuser und
Wole Soyinka

Süd-Nord

Lamuv Taschenbuch 198

Bitte fordern Sie unser kostenloses Gesamtverzeichnis an:
Lamuv Verlag, Postfach 26 05, D-37016 Göttingen

Das Papier des Buchblocks besteht zu 80 Prozent
aus Altpapier, zu 20 Prozent aus Holzschliff von
Durchforstungsholz aus nachhaltiger Forstwirtschaft.
Es enthält keine Färbung oder optische Aufheller.

1. Auflage 1996
Originalausgabe

Umschlaggestaltung: Gerhard Steidl
Gesamtherstellung: Steidl, Göttingen
Printed in Germany
ISBN 3-88977-453-9

Inhalt

Der Schriftsteller, Bürgerrechtler und Umweltschützer

»Ich fürchte nicht, hingerichtet zu werden. Ich erwarte es. Wir haben es mit gewissenlosen Leuten zu tun, mit Steinzeit-Diktatoren, die blutrünstig sind. Sie sind für den afrikanischen Alptraum verantwortlich, fürchten sie sich doch vor Ideen und vor Leuten, die neue Konzepte haben. Es sind Wegelagerer und Gangster, die für Geld töten.« Der nigerianische Schriftsteller Kenule Beeson Tsaro-Wiwa, besser bekannt als Ken Saro-Wiwa, wurde mit acht seiner Mitarbeiter am Freitag, dem 10. November 1995, hingerichtet.

Ken Saro-Wiwa war Kolumnist, Journalist und Drehbuchautor. Für sein Hörspiel »Transistor Radio« nach dem gleichnamigen Theaterstück von 1971 erhielt der fünffache Vater - der jüngste Sohn Tedum starb 1992 im Alter von 14 Jahren - einen von der BBC gestifteten Preis; der Kurzgeschichtenband »A Forest of Flowers« war für den Commonwealth-Writers-Preis nominiert. Saro-Wiwa unterrichtete an den Universitäten in Ibadan, Nsukka und Lagos. 1968, während des Biafra-Kriegs, wurde er Regierungsbeauftragter, unter anderem für Information, Erziehung und Verkehr, im neugeschaffenen Rivers State.

Nach seiner Entlassung 1973 verkaufte Saro-Wiwa Gemüse; er war im Import-Export tätig und handelte mit Immobilien und Papier. Der Autor von Gedichten, Erzählungen, Romanen, Drehbüchern und Hörspielen sowie von Kinderbüchern gründete eine eigene Produktionsfirma. Er war jahrelang Vorsitzender des nigerianischen Schriftstellerverbands (ANA - Association of Nigerian Authors) und baute einen eigenen Verlag mit Sitz in Lagos und London auf, um das Dilemma afrikanischer Autoren zu vermeiden, deren Bücher entweder in mangelhaft organisierten Vertrieben untergehen oder aufgrund des Erscheinens in einem europäischen Verlag für afrikanische Leser nahezu unerschwinglich sind.

Von 1985 bis 1990 leerte Saro-Wiwa mit rund 150 Folgen der nach seinem Buch »Mr B.« entstandenen Fernsehserie »Basi and Company« die Straßen in Nigeria und erreichte bis zu 30 Millionen Zuschauer pro Episode. Saro-Wiwa ließ seine Figuren - etwa in dem Roman »Prisoners of Jebs« und in dessen Fortsetzung »Pita Dumbrok's Prison« sowie in dem 1992 fertiggestellten Roman »Lemona«, dessen Manuskript gestohlen wurde - über die Korruption klagen, über das Militärregime und über eine verantwortungslose politische wie ökonomische Elite.

Saro-Wiwas erster Roman, 1985 unter dem Titel »Sozaboy« (Der Soldatenjunge) erschienen und im »Rotten English«, im umgangssprachlichen Englisch, verfaßt, spielte vor dem Hintergrund des Biafra-Kriegs Ende der sechziger Jahre und verschaffte dem Autor auf Anhieb einen guten Ruf. Dem Biafra-Krieg widmete Saro-Wiwa auch ein zweites Buch, »On a Darkling Plain«, einen nüchternen Tatsachenbericht. Saro-Wiwa schrieb für die nigerianischen Zeitschriften »Vanguard«, »Times« und »Punch«; seine Kolumnen aus der

»Sunday Times« erschienen 1991 in dem Band »Similia«. Er gründete die *Nigerian Society for the Protection of the Environment (Nisopen – Nigerianische Gesellschaft für Umweltschutz)* und leitete die *Ethnic Minority Rights Organization of Nigeria (Emiron – Organisation für die Rechte ethnischer Minderheiten).*

Saro-Wiwa erhielt den Alternativen Nobelpreis 1994, ferner den Folon-Nichols-Preis der *African Literature Association,* den Preis der *Goldman Environmental Foundation of California,* den *Ogoni National Merit Award,* den *Hammet-Hellman-Preis für freie Rede* und – am 29. September 1995 – den Preis der österreichischen Bruno-Kreisky-Stiftung »für herausragende Arbeit im Bereich der Menschenrechte«. Die Zeitung »Punch« wählte ihn zum »Mann des Jahres 1995«.

Am 10. Oktober 1995, seinem 54. Geburtstag, wurde Saro-Wiwa für den Friedensnobelpreis 1996 nominiert. Am 31. Oktober verurteilte ihn ein nigerianisches Gericht in Port Harcourt mit drei weiteren Angeklagten zum Tod durch Erhängen; am Tag zuvor war schon gegen fünf andere Mitstreiter Saro-Wiwas die Todesstrafe verhängt worden (Saturday Dobee, Paul Levura, Nordu Eawo, Felix Nuate, Daniel Gbokoo).

Seit dem 22. Mai 1994 wurde Saro-Wiwa gefangengehalten – wegen Beihilfe zum Mord, wie der schwer herzkranke Autor, Bürgerrechtler und Umweltschützer erst am 26. Januar 1995 erfuhr.

Saro-Wiwa war Präsident der *Mosop,* der *Movement for the Survival of the Ogoni People* (Bewegung für das Überleben des Ogoni-Volkes). Sowohl diese Bewegung als auch das eine halbe Million Menschen zählende Volk der Ogoni stören die nigerianische Militärregierung und die erdölfördernde Industrie im Niger-Delta.

Als am 21. Mai 1994 vier Ogoni-Politiker (Albert T. Badey, Edward N. Kobani, Samuel N. Orage, Theophilus B. Orage), die einen regierungsfreundlicheren Kurs der *Mosop* befürworteten, in Giokoo im Regierungsbezirk Gokana ums Leben kamen - das Auto, in dem sie saßen, wurde mit Benzin übergossen und in Brand gesetzt -, machten ihre Familien und das Militärregime Saro-Wiwa für den Anschlag verantwortlich. Samuel N. Orage war als Gatte von Saro-Wiwas Schwägerin mit dem angeklagten Schriftsteller verwandt.

Obwohl die Beschuldigten nicht am Ort des Geschehens, sondern von Soldaten sogar an der Fahrt nach Giokoo gehindert worden waren, kamen Saro-Wiwa und 14 andere *Mosop*-Mitglieder vor ein Sondergericht. Weitere 27 Personen wurden verhaftet. Auch ihnen droht die Todesstrafe, die ein Erlaß von 1993, der 1994 verlängert wurde, als Schuldspruch bei »Aufstachelung zu Stammesauseinandersetzungen« zuläßt.

Beim Urteil in Port Harcourt gegen Saro-Wiwa und seine drei Mitarbeiter Barinem Nubari Kiobel, John Kpuinen und Baribor Bera räumte das Gericht ein, daß der 54jährige Saro-Wiwa nicht direkt an der Tötung der vier Personen beteiligt war, doch habe er »unzweifelhaft die Maschinerie in Gang gesetzt, die die vier Ogoni-Führer verzehrte«, sagte der Vorsitzende Richter Ibrahim Ndahi Auta in seiner Urteilsbegründung. Saro-Wiwa und Kiobel waren als politische Gefangene von *amnesty international* betreut worden.

Zum Gedenken an Ken Saro-Wiwa

Ich habe Ken Saro-Wiwa in den achtziger Jahren kennengelernt, durch seine Bücher. Ich beschäftigte mich damals mit der Verarbeitung des Biafra-Kriegs in der nigerianischen Literatur und wurde auf den Roman »Sozaboy« aufmerksam gemacht. Dieses wichtigste Werk Saro-Wiwas ist ein Experiment im Ausleuchten der psychologischen Bewegkräfte des Menschen, der den Alptraum des Bürgerkriegs durchlebt - eine Art Simplicissimus auf nigerianisch, mit einem entwurzelten, naiven Helden und pikaresker Handlungsstruktur. Mene, der »Nicht-Held« des Romans, sucht nach seiner Frau und seiner Mutter - und rennt einem Phantom nach: Beide sind in den ersten Kriegstagen ums Leben gekommen.

»Sozaboy« ist aber auch ein sprachliches Experiment, eine, wie Saro-Wiwa schrieb, »Novel in Rotten English« - eine dem nigerianischen Pidgin-English nachempfundene Kunstsprache. Mit diesem Experiment wurde »Sozaboy« unter Literaturwissenschaftlern zur Legende - Saro-Wiwa selbst bezeichnete sein Experiment als mißlungen. Ich kann mich gut erinnern an einen Abend in seinem Haus in Lagos, an dem wir heftig über seine Absicht stritten, den Roman in einer Standard-Englisch-Version herauszubringen.

Von Anfang an hatte ich große Sympathie für Saro-Wiwa, den Autor, der in seinen Büchern die naheliegenden nigerianischen Gegenwartsthemen wie Korruption, gesellschaftlicher Zerfall und - eben - das Trauma des Biafra-Kriegs beschrieb. Mir gefielen sein sprühender Witz, seine unkonventionelle Art, über das Leben in Nigeria zu schreiben. Saro-Wiwa nahm sich in seinen Büchern das Recht heraus, auch den schlimmsten Seiten des Alltags die absurden Züge abzuschauen und die Übeltäter und die Großtuer und die Blender mit Spott zu übergießen. Und als ich Saro-Wiwa, den Menschen, kennenlernte, da änderte dies nichts an meiner Sympathie für ihn.

Für Saro-Wiwa bedeutete der Biafra-Krieg einen entscheidenden Einschnitt im Leben: Seine Heimat und sein Volk, die Ogoni, waren von Biafra in die Sezession einbezogen worden, ohne jemals gefragt worden zu sein. Dies war ein wesentlicher Grund für Saro-Wiwas vehemente Opposition gegen dieses damals neue Staatsgebilde, das ihm bis zuletzt verhaßt geblieben ist.

Sein Theaterstück »Transistor Radio«, 1971 verfaßt, weist bereits voraus auf die beherrschenden Themen seiner späteren Werke: den Überlebenskampf des Menschen in einer Gesellschaft, die in ihrem Zentrum zerbrochen ist und ihre Strukturen wie eine Zentrifuge auseinanderschleudert. Zwischen 1985 und 1987 erscheinen vier Bücher in rascher Abfolge: Die Gedichtsammlung »Songs in a Time of War« und der bereits erwähnte Roman »Sozaboy«, die Kurzgeschichtensammlung »Forest of Flowers« und schließlich »Basi and Company«, die Buchversion seiner höchst erfolgreichen Fernsehserie, in deren Mittelpunkt die Abenteuer des Schlawiners Basi und seiner Freunde stehen, die in Lagos schnell reich werden wollen und dazu alle möglichen Wege ausprobieren, mit Ausnahme den Weg der ordentlichen Arbeit. »To be a millionaire, think like a millionaire« ist Basis Lebensmotto, der in seinen absurden Bemühungen ein bis zur Wahrheit verzerrtes Spiegelbild der nigerianischen Busineß-Mentalität darstellt.

Mehr als zwanzig Bücher schrieb Saro-Wiwa in nicht einmal zehn Jahren: sicherlich nicht alles »große« Literatur, aber allesamt unterhaltsam und gut gemacht. Er war ein Macher im klassischen Sinne: Er wußte um die desolate Situation nigerianischer Verlage und vertraute mehr auf sein eigenes Wissen um Produktion und Vertrieb. Ende der achtziger Jahre wurde Saro-Wiwas Ton schärfer, oft auch sarkastisch – besonders in der Kolumne »Similia«, die er in den Jahren 1989 und 1990 in der nigerianischen »Sunday Times» schrieb, ein Blatt, das im Mehrheitsbesitz der nigerianischen Regierung ist.

In einer seiner letzten Kolumnen für »Similia« heißt es: »Die Menschen im Delta haben vor allem das Gefühl, daß man sie im Bürgerkrieg als Kanonenfutter benutzt und danach beraubt und beleidigt hat. Ich gehe davon aus, daß die Nigerianer daran interessiert sind, einen Krieg im Delta zu vermeiden. Wenn dem so ist, müssen jetzt sofort in den Ölregionen des Deltas neue Bundesstaaten geschaffen werden, um die Entwicklung voranzutreiben und ethnische Spannungen zu entschärfen. Außerdem muß die Bundesregierung neue Gesetze für die Ölförderung erlassen, Gesetze, die den Interessen derjenigen, die in den Ölförderungsgebieten leben, Rechnung tragen. Schließlich muß es den Menschen im Delta gestattet werden, am lukrativen Verkauf von Rohöl teilzuhaben. Nur so läßt sich die Katastrophe, die sich im Delta anbahnt, noch vermeiden. Hört irgend jemand zu?«

Nach diesen Zeilen wies die Regierung die Chefredaktion der »Sunday Times« an, die Kolumne einzustellen.

Holger Ehling

(Holger Ehling ist Pressesprecher des Börsenvereins des Deutschen Buchhandels. Der Text ist ein Auszug aus seiner Rede bei einer Gedenkveranstaltung des Börsenvereins, des PEN-Zentrums Deutschland, des Verbands Deutscher Schriftsteller in der IG Medien und des Deutschen Journalisten-Verbands am 17. November 1995 in Bonn)

Ölgewinnung in Nigeria

Seit 1958 wird im Niger-Delta, dem größten Mündungsgebiet Afrikas, schwefelarmes und daher hochwertiges Öl kommerziell gefördert. Das etwa 1000 Quadratkilometer umfassende Land der Ogoni, im Südosten Nigerias östlich von Port Harcourt im Niger-Delta gelegen, zählte schon vor dem Beginn der Ölgewinnung zu der am dichtesten besiedelten Region Nigerias: Während durchschnittlich 300 Menschen einen Quadratkilometer Nigerias bewohnen, sind es in Ogoni statistisch rund 500 Personen; da weite Teile des Deltas aus Feuchtgebieten und Sümpfen bestehen, liegt die Bevölkerungsdichte auf dem tatsächlich bewohnbaren Land weit höher.

Das Niger-Delta gilt als eines der empfindlichsten Ökosysteme der Welt, dessen Bestand an Mangroven – dem drittgrößten der Welt – und vor allem an Regenwald bereits erheblich gefährdet ist. Archäologen und Linguisten zufolge leben dort Ogoni seit rund 500 Jahren in dörflichen Gemeinschaften von Landwirtschaft und Fischfang. Die Heimat der Ogoni teilt sich in sechs Königtümer: Babbe, Eleme, Gokana, Ken Khana, Nyo Khana und Tai; die Stadt Bori gilt als Hauptstadt. Neben mehreren Dialekten herrschen vier Sprachen vor. Masken und bunt dekorierte Stoffe zeugen von der kulturellen Tradition der Ogoni.

Ihr Land, die Küstenhochebene im nördlichen Osten des Niger-Deltas, diente einst als »Brotkorb« der Region, während es heute mit seinen Ölvorkommen zum Reichtum Nigerias beiträgt; es zählt zu den erdöl- und erdgasreichsten Gebieten weltweit. Trotzdem befinden sich die Ogoni wie eh und je am Ende der sozialen Leiter in Nigeria. Während die Analphabetenrate landesweit 50 Prozent beträgt, können vier von fünf Ogoni weder lesen noch schreiben. 70 000 Ogoni müssen sich einen Arzt teilen. Die Ogoni haben kein Leitungswasser, keinen Strom, keine angemessenen Wohnungen, keine Telefonversorgung. Schulen und Krankenhäuser sind – wenn überhaupt vorhanden – schlecht ausgerüstet. Nahrungsmittel müssen eingeführt werden.

Waren die Ogoni schon früher kaum geachtet und fanden sie allein als Hausangestellte, Hilfsarbeiter oder Reinigungspersonal Arbeit, so gelten sie nun als nationale Störenfriede, weil sie angemessenere Lebensbedingungen einklagen.

Stichwort Ogoni

Innerhalb des Niger-Deltas, das rund sechs Millionen Menschen auf zirka 30 000 Quadratkilometern bewohnen, nimmt Ogoni 1000 Quadratkilometer ein und ist damit etwas größer als Berlin. Ogoni liegt im Rivers State östlich von Port Harcourt auf einer Küstenhochebene.

Die zirka 500 000 Ogoni leben von Landwirtschaft und Fischfang. Neben vier Hauptsprachen sind weitere Dialekte im Umlauf. Die Stadt Boni gilt als Zentrum der sechs Ogoni-Königtümer Babbe, Eleme, Gokana, Ken-Khana, Nyo-Khana und Tai.

Kritik an den Lebensbedingungen

Als die seit 1937 in Nigeria arbeitende Royal Dutch/Shell-Gruppe 1958 die Ölvorkommen in Ogoni kommerziell auszubeuten begann, wandelte sich die nigerianische Wirtschaft rapide, und das Küstengebiet Nigerias wurde zum Motor der wirtschaftlichen Entwicklung des ganzen, von 98 Millionen Menschen bewohnten Landes. Rund 90 Prozent seiner Exporteinnahmen bezieht Nigeria aus dem Ölgeschäft, etwa 80 Prozent seiner Steuereinnahmen resultieren daraus.

Weltrohölförderung 1994 (in Millionen Tonnen)

Saudi-Arabien	402,8
USA	393,1
GUS	352,0
Iran	180,9
Mexiko	156,6
China	146,1
Norwegen	130,5
Venezuela	127,7
Großbritannien	126,0
Arabische Emirate	107,7
Kanada	104,6
Kuwait	102,5
Nigeria	102,1

Quelle: Mineralölwirtschaftsverband

Nigeria ist mit deutlichem Abstand der größte Erdölexporteur Schwarzafrikas, wenngleich sein Anteil an der Weltproduktion lediglich etwas mehr als drei Prozent beträgt.

Drei der vier nigerianischen Raffinerien und zwei petrochemische Fabriken befinden sich im Niger-Delta; 94 Produktionsstätten unterhält dort allein Shell. Zwei Raffinerien und eine Fabrik davon liegen in Ogoni; fünf Ölfelder, 96 Bohrlöcher, fünf Pumpstationen kommen dazu. Die sozialen und umweltbezogenen Kosten dafür tragen überwiegend die Ogoni. Ein engmaschiges Netz aus Bohrtürmen und Pipelines durchzieht in unmittelbarer Nachbarschaft von Dörfern, quer durch Bauerngehöfte, Felder und Gärten das Land der Ogoni; zirka 6200 Kilometer Röhren hat allein Shell nach eigenen Angaben im Niger-Delta verlegt, um das geförderte Öl zu den Verladestationen in Port Harcourt und Bonny zu leiten - fast alle Rohre verlaufen oberirdisch. Brände, Lecks und Öllachen sind alltäglich.

Noch heute sind die Folgen einer Explosion im Jahr 1970 spürbar, als auslaufendes Rohöl in Ebubu die Felder der Ogoni verseuchte; als Sanierungsmaßnahme ließ Shell das Öl abfackeln, wobei eine fünf Meter dicke Kruste zurückblieb. In dem Film »The Drilling Fields« der britischen *Catma Films Production* sagt der Chemiker Olua O. Kamalu dazu: »Durch die Hitze der Sonne schmilzt und verdampft die Ölschicht. Damit steigt die Konzentration von Kohlendioxid und Kohlenmonoxid in der Luft. Wenn man wie hier auf das Regenwasser angewiesen ist, hat das katastrophale Folgen, wie der hier tote Fluß zeigt.

Wenn die hohe Konzentration von Kohlendioxid und Kohlenmonoxid ins Wasser gerät, trinken die Menschen hier verdünnte Säure.« Shell International protestierte heftig gegen die Dokumentation von Glenn Ellis und Kay Bishop, die *Channel Four* am 23. Mai 1994 ausstrahlte.

Das Abfackeln des Erdgases - 24 Stunden am Tag über mehr als 30 Jahre - beeinträchtigt die Luftqualität, mindert die Vielfalt der Tiere, führt nach Regenfällen zu Rußschlacken auf Pflanzen, Feldern und Häusern. Atemwegserkrankungen, Krebs, Mißbildungen bei Neugeborenen treten in Ogoni häufiger auf als andernorts. Die durchschnittliche Lebenserwartung ist mit 51 Jahren um drei Jahre niedriger als im Landesdurchschnitt. Das Trinkwasser ist gemäß einer Weltbank-Studie häufig und in großem Maße verseucht und verursacht rund 80 Prozent aller Erkrankungen im Delta; das Ackerland unfruchtbar, der Bestand nicht nur an Fischen weitgehend ausgestorben; die hohe Artenvielfalt an Tieren - auch das ist in der Weltbank-Studie nachgewiesen - schrumpft bedrohlich.

»Bäume in der Nähe von Pumpstationen sind tot, erstickt wahrscheinlich von Ölklumpen an den Wurzeln.« Bis zu zehn Prozent der Mangroven verschwanden, weil »die Operationen der Ölgesellschaften wesentliche Gebiete der Mangrovenwälder zerstörten«, und mit den Mangroven verschwanden die Tiere, denen sie Lebensraum boten: Krebse, Muscheln, Schnecken, Fische. Wer fischen will, müßte aufs Meer hinausfahren, doch dazu fehlen entsprechend taugliche Boote und Netze. Das Europäische Parlament beschrieb diesen Zustand als »ökologischen Alptraum«, die Weltbank-Studie hält fest: »Die Auswirkungen aller ölbezogenen Tätigkeiten auf die Umwelt des Niger-Deltas sind breitgefächert und wesentlich. Gegenwärtige Entwicklungen werden die Umweltzerstörung im Niger-Delta verstärken, wenn nicht das Hauptaugenmerk auf den Umweltschutz gerichtet wird.«

Vom Profit am Ölgeschäft hingegen blieben die Ogoni bisher ausgeschlossen - nur wenige von ihnen erhielten Arbeit in der Ölbranche. Saro-Wiwa 1991: »In mehr als 30 Jahren haben die Ogoni dem Staat Nigeria schätzungsweise 30 Milliarden Dollar geboten und umgekehrt nichts erhalten außer einer zerstörten Landschaft und eine mit Kohlendioxid, Kohlenmonoxid und Kohlenwasserstoff angefüllte Atmosphäre; ein Land, in dem Tier- und Pflanzenwelt unbekannt sind; ein Land verseuchter Bäche und Flüsse; Flüsse ohne Fische; ein Land, das in jeder Bedeutung des Begriffs ein ökologisches Desaster ist.«

Bis 1990 dauerte es, daß sich die Ogoni in der *Ogoni Central Union* und dem *Ogoni Klub* zu organisieren lernten und dann in dem Dachverband *Mosop* zusammenschlossen. Weitere Gruppierungen für Jugendliche (NYCOP - National Youth Council of Ogoni People), Frauen (FOWA - Federation of Ogoni Women's Associations), Studenten (NUOS - National Union of Ogoni Students), traditionelle Herrscher (COTRA - Council of Ogoni Traditional Rulers) und Kirchen (COC - Council of Ogoni Churches) kamen hinzu und erreichten eine bis dahin nicht gekannte Öffentlichkeitswirksamkeit. In einer *Bill of Rights* erklärten die Wortführer der Ogoni am 26. August 1990, daß die stärksten Volksgruppen Nigerias das Land in Krieg und Diktatur gestürzt und die Ogoni zu Sklaven erniedrigt hätten; die *Chiefs* der Ogoni forderten politische Autonomie, Mitspracherecht in den nationalen Institutionen, Förderung ihrer vom Verschwinden bedrohten Kultur sowie Gewinnbeteiligung an ihren Bodenschätzen.

Im Juni 1993, als es wegen der bevorstehenden Präsidentschaftswahlen in Nigeria zu Auseinandersetzungen innerhalb der *Mosop* kam, traten konservative, regierungsfreundliche *Mosop*-Politiker (darunter Edward Kobani) von ihren Ämtern zurück und gaben den Weg zur *Mosop*-Präsidentschaft Ken Saro-Wiwas frei, der bis dahin für die Öffentlichkeitsarbeit zuständig gewesen war. Der 1941 in Bori geborene Saro-Wiwa hatte bereits in der Landesregierung des Rivers States Erfahrungen gesammelt - eine mögliche Ursache für den Konflikt zwischen ihm und anderen *Mosop*-Führern, da Saro-Wiwa während des Biafra-Kriegs im Dienst der damaligen Zentralregierung stand.

Gerade Saro-Wiwa aber hatte das Anliegen der Ogoni während seiner Reisen in die USA, nach Großbritannien und Deutschland bekannt gemacht; eine Einladung an die Universität Bayreuth hatte ihn im Juni 1992 auch zu einer Schriftsteller-Tagung nach Potsdam und - wie schon 1991 - zur *Gesellschaft für bedrohte Völker* in Göttingen geführt, wo er nach eigenen Angaben in dem Buch »A Month and a Day« auf den Gedanken kam, sich an die Vereinten Nationen zu wenden.

In diesem autobiographischen Gefängnisreport schildert Saro-Wiwa seine ersten, noch vergeblichen Bemühungen, bei *Greenpeace* oder *amnesty international* Gehör zu finden; erst die Bekanntschaft mit den Filmemachern Glenn Ellis und Kay Bishop von der *Catma Films Production,* die im Oktober 1992 für *Channel 4* »The Heat of the Moment« über die Shell-Aktivitäten in der Dritten Welt gedreht hatten, öffnete ihm die Türen etwa zu den Organisationen *Friends of the Earth* und *Survival International.*

Die *Mosop* trat der in den Niederlanden von Michael van Walt van der Praag gegründeten *Unrepresented Nations and Peoples Organization (UNPO – Organisation nicht-repräsentierter Nationen und Völker)* bei, die von ihren Mitgliedern ausdrücklich Gewaltverzicht verlangt und deren Einsatz es Saro-Wiwa ermöglichte, sein Anliegen vor dem Minderheitenausschuß der Vereinten Nationen in Genf vorzutragen.

Ölkonzerne in Nigeria

»Der Westen macht sich Sorgen um das Leben von Elefanten und stoppt die Ausfuhr von Elfenbein. Aber es kümmert niemanden, wenn Menschen sterben«, kritisierte Ken Saro-Wiwa die Industrienationen. Als Führer der *Mosop* verlangte er von den Vereinten Nationen die Anerkennung der Ogoni als gefährdete Minderheit. *Mosop* hielt Shell vor, »einen ökologischen Krieg gegen die Ogoni zu führen«, und verlangte sechs Milliarden US-Dollar Pacht und vier Milliarden Dollar Entschädigung für Ernteausfälle, für vergiftete Fischgründe und für die Zerstörung der ökonomischen Existenz der Ogoni.

Shell ist die in Nigeria am längsten und intensivsten tätige Ölgesellschaft, die auch nach der Verstaatlichung der Ölindustrie 1973 in *Joint-ventures*

Ölförderung in Nigeria nach Konzernen

(durchschnittliche Menge 1995 in Barrel je Tag)

Shell	910 000
Chevron	380 000
Mobil	310 000
Agip	130 000
Elf	95 000
Texaco	60 000

Quelle: Greenpeace; Financial Times, 12. November 1995

Ölförderung in Nigeria nach Konzernen

(Produktion im Oktober 1995 in Barrel je Tag)

Shell	895 000
Mobil	450 000
Chevron	395 000
Agip	160 000
Elf	130 000
Texaco	55 000
andere	35 000

Quelle: Shell-Angaben, Dezember 1995

eng mit der Ölförderung Nigerias verbunden blieb. Shell fördert in Nigeria 14 Prozent seines Öls und hält mit 30 Prozent den größten Ölförderanteil unter den in Nigeria tätigen Ölgesellschaften.

Die Shell Petroleum Development Company of Nigeria (SPDC), eine Tochter der niederländisch-britischen Royal Dutch/Shell International Petroleum Company (SIPC) in London, arbeitet in Ogoni – wie auch Agip und Elf Aquitaine – mit der staatlichen Nigerian National Petroleum Corporation (NNPC) zusammen. In dem *Joint-venture* zwischen den Shell-Partnern und der NNPC hält Shell 30 Prozent der Anteile, Elf zehn Prozent, Agip fünf Prozent und die NNPC 55 Prozent.

Die NNPC ging 1979 aus der Nigerian National Oil Corporation (NNOC) hervor, die der damalige demokratische Staatschef Shehu Shagari aufgelöst hatte, weil es ihr nicht gelungen war, die Ölindustrie zu kontrollieren. In der Zeitschrift »afrika spectrum« (Nr. 30/1995) kritisiert der Autor

Daniel A. Omoweh, daß die Aktien der NNPC an europäischen und amerikanischen, nicht aber an afrikanischen Börsen gehandelt würden.

Offshore, also vor der Küste Nigerias, sind nach Auskunft des Mineralölwirtschaftsverbands noch Amoco, Ashland, British Petroleum (BP), Chevron, Den Norske Stats Oljeselskap, ENI, Mobil, Philips Petroleum, Texaco und Total tätig; Chevron hat gemäß der Weltbank-Studie die Lizenz für Onshore-Gebiete beantragt.

Rohölförderung in Nigeria von 1988 bis 1994 (in Millionen Tonnen)

1988	68,5
1989	83,1
1990	90,7
1991	96,4
1992	97,2
1993	102,1
1994	102,1

Quelle: Mineralölwirtschaftsverband

Nach Angaben der US-Menschenrechtsorganisation *Human Rights Watch* unterhalten Chevron und Mobil eigene *Joint-ventures* mit der NNPC. Laut Mobil Deutschland beträgt der Anteil der Mobil Producing Nigeria Unlimited (MPN) 40 Prozent des *Joint-ventures,* während die restlichen 60 Prozent bei der NNPC liegen. Seit 1970 fördert Mobil kommerziell Öl in Nigeria; die 1994 durchschnittlich geförderte Tagesmenge von 437 000 Barrels macht 21 Prozent der gesamten Ölförde-

Ausländische Abnehmer nigerianischen Rohöls 1994 (in Prozent)

USA	50
Spanien	17
Südkorea	7
Indien	7
Deutschland	6
Frankreich	6

Quellen: Greenpeace; US-Country Analysis, September 1995; International Herald Tribune, 4. April 1995

rung in Nigeria aus und ergibt zirka 20 Prozent der weltweiten Ölförderung von Mobil.

Als die *Mosop*-Aktivitäten international Beachtung fanden und die Unruhen zu Ertragseinbußen in Höhe von 200 Millionen Dollar geführt hatten, zog Shell im Januar 1993 offiziell seinen Mitarbeiterstab aus Ogoni ab und stellte zur Jahresmitte seine bis dahin auf automatischen Betrieb gestellte Produktion ein.

Im Februar 1993 diskutierten Vertreter der SPDC und der SIPC Möglichkeiten weiteren Vorgehens. Eine Aktennotiz vom 22. Februar 1993 verzeichnet die Gefahr einer internationalen Anti-Shell-Kampagne. Eine geänderte Öffentlichkeitsarbeit solle Ölverluste - 40 Prozent aller seiner weltweiten Pannen hat Shell in Nigeria zu verzeichnen - nicht als Folge von Betriebsunfällen oder Materialfehlern darstellen, sondern auf Sabotageakte zurückführen. Der Eindruck wiederum, Shell habe Pipelines nahe bei Ogoni-Dörfern verlegt, solle der Interpretation weichen, daß sich diese »Gemeinden auf das Land in der Nähe von Pipelines ausgedehnt« haben. SPDC und SIPC müßten sich außerdem gegenseitig besser über die ansässige Bevölkerung informieren, um »sicherzustellen, daß Bewegungen von Schlüsselfiguren – was sie sagen und zu wem – wirksamer beobachtet werden, um unliebsame Überraschungen und eine Rufschädigung der Gruppe zu vermeiden«.

Die Konflikte selbst seien »Landstreitigkeiten zwischen benachbarten Gemeinden«. So sei die Zerstörung des Ogoni-Fischerdorfs Kaa am 5. August 1993 auf Streit mit den benachbarten Andoni zurückzuführen; 124 Personen kamen dabei zu Tode. Die *Unrepresented Peoples and Nations Organization (UNPO)* gibt dagegen zu bedenken, daß kurz vor den Übergriffen Polizeieinheiten aus dem Gebiet abgezogen wurden und eine nahegelegene Polizeistation keine Ordnungskräfte schickte – wie auch bei einer Auseinandersetzung mit Okrika am 12. Dezember 1993 in Borikiri, als 95 Menschen ums Leben kamen.

Sowohl Okrika als auch Andoni sind Fischer, die laut UNPO bei den Überfällen aber mit automatischen Gewehren, Granaten und Sprengstoff ausgerüstet waren. *Amnesty international* schloß daraus, daß es sich um vom Militär unterstützte Angriffe bezahlter Kräfte handelte. Ein Augenzeuge behauptet im Dokumentarfilm »The Drilling Fields«: »Diese sogenannten Unruhen wurden von der Armee inszeniert. Bei den Angriffen wurden nämlich alle Fluchtwege sorgfältig bewacht, damit keiner entkommen konnte. Wir waren eingekesselt.«

Shell fürchtet Rufschädigung

Eine Einladung an unabhängige Beobachter, die Lage vor Ort zu begutachten, nahm Shell im März 1994 zurück. Die Möglichkeit, auf die nigerianische Regierung einzuwirken, wies Shell von sich, obwohl der Konzern seinerseits mit Regierungshilfe rechnet; Shell-Verantwortliche räumten ein, die nigerianische Polizei in Fragen der Sicherheit und bei Störungen anzufordern. Eric Nickson, Leiter der PR-Abteilung von Shell, gestand im Mai 1994 ein, daß »sich die Gesellschaft unvermeidbarerweise gelegentlich veranlaßt sah, um Hilfe zu bitten«. Als sich zum Beispiel Ogoni bei den örtlichen Behörden beschwerten, daß in Korokoro seit dem 12. Juni 1993 wegen eines Lecks in einer Shell-Pipeline schon zwei Monate lang Öl entwich, kamen am 25. Oktober 24 Militärpolizisten auf von Shell gemieteten Lastern nach Korokoro, umzingelten das Dorf, erschossen einen Jungen und einen 17jährigen Dorfbewohner, während ein 74jähriger Mann mit Schüssen in den Brustkorb verletzt wurde. Shell Nigeria gab zu, die Militärpolizei gerufen zu haben. (»Shell in the Niger Delta: The Real Story – Briefing on Shell's Record in Nigeria«, Hg.: Ogoni Community Association, Nigerian Civil Liberties Organization, Niger Delta Watch, Center for Nigerian and International Environmental Law, Nigerian Environmental Rights Action)

Als die nigerianische Armee Shell dabei behilflich war, mit dem amerikanischen Vertragspartner Wilbros am 30. April 1993 bei Biara in Ogoni indirekt wieder tätig zu werden, planierten vom Militär beschützte Raupenfahrzeuge Felder der Ogoni. Die Soldaten eröffneten einem Bericht der UNPO zufolge das Feuer; sie töteten im Verlauf der mehrtägigen Auseinandersetzungen einen Mann namens Agbarator Otu und hinterließen mehrere Verwundete – der Bäuerin und fünffachen Mutter Karalolo Korgbara zum Beispiel mußte wegen Schußverletzungen ein Arm amputiert werden. In der Weltbank-Studie heißt das: »Militärpolizei und Truppen, die ursprünglich als Antwort auf Shells Bitte um Unterstützung kamen, unterdrückten gewaltsam Proteste in Ogoni.«

Shell-Pressesprecher A. J. C. Brack stellte im Frühjahr 1995 fest, »daß wir jedoch nicht annehmen, daß SPDC für die Aktionen verantwortlich gemacht werden kann, die die Autoritäten dann ergreifen«. Im Februar 1995 gab Shell eine zwei Millionen Dollar teure und auf zwei Jahre angelegte Umweltstudie in Auftrag – ohne daran die *Mosop* als Vertretung der von der Erdölförderung betroffenen Bevölkerung zu beteiligen. (Zum Vergleich: Bevor Shell eine Pipeline in das schottische Mossmoran legen ließ, wurden 17 Umweltgutachten erstellt; in Nigeria wurde innerhalb von 35 Jahren keine einzige Umweltstudie von Shell in Auftrag gegeben.) Die Weltbank-Studie hält fest: »Die Haltung der Ölgesellschaften verschärfte den Bruch zwischen Bevölkerung und Ölgesellschaften. Im allgemeinen zogen es die Gesellschaften vor, die örtlichen Gemeinden zu übergehen.« Die

Studie ergänzt weiter: »Ohne Verständigung mit den örtlichen Gemeinden ist die Durchführung von Vorhaben unpassend und sogar schädlich. Enttäuschungen über nachteilige Auswirkungen, die in Wirklichkeit nicht bedeutsam erscheinen, können durch verständige Beteiligung vermieden werden. Es hätte sicherlich die Spannungen im Delta verringert, wenn die Enttäuschung in den Gemeinden über den Schaden von Ölverschmutzungen gemindert worden wäre.«

Die Shell-Mitarbeiter Malcolm T. Williams, A. J. C. Brack, Alan Detheridge und D. van dan Brook trafen sich am 16. März 1995 mit dem nigerianischen Botschafter in London, Alhaji Abubakar Alhaji, um in Gegenwart von Militärvertreter D.O. Iketubosin und Polizeivertreter S. A. Ekpa unter anderem über Werbemaßnahmen zur Besserung des Images aller Beteiligten zu reden; auch Aktionen von *Greenpeace, amnesty international, Action Earth* und des *Body Shop International* kamen zur Sprache. Williams sagte, daß »ein direkter Angriff dieser Gruppen der Angelegenheit zu noch mehr Öffentlichkeit verhelfen würde, was diese schließlich wollten«.

Williams ergänzte, daß er für eine neue Dokumentation der *Catma Films Production* kein Interview geben werde; statt dessen wolle Shell eine eigene Filmproduktion beauftragen, die ausgewogen über den Arbeitsverlauf und die Ölförderstätten berichten und Interviews mit der Bevölkerung vor Ort enthalten solle. »Der Botschafter war sehr davon angetan, dies zu hören, und versprach seine Hilfe bei der Bewältigung bürokratischer Hürden, die im Verlauf der Filmproduktion entstehen könnten«, heißt es im Protokoll der Sitzung im Shell Centre London. Der Botschafter empfahl, schnell zu handeln und den Film zu zeigen, bevor die *Catma*-Dokumentation auf Sendung ginge. Die *Catma Films Production* zitierte 1995 in »Delta Force« aus der Stellungnahme des Botschafters: »Ogoni ist eines der ersten Gebiete in Nigeria, in dem Ölgewinnung unternommen wird. Es ist daher richtig, zu erwarten, daß die ökologischen Auswirkungen deutlicher ausgeprägt sind.« A. J. C. Brack warnte zum Abschluß der Tagung vor Personen, die als Touristen getarnt im Auftrag von Menschenrechtsorganisationen unterwegs seien; auf diese Weise sei der Bericht von Richard Boele für die in Den Haag ansässige *Unrepresented Nations and Peoples Organization (UNPO)* zustande gekommen.

Stichwort Nigeria

Nigeria liegt im Westen Afrikas am Golf von Äquatorial-Guinea und ist mit 923 770 Quadratkilometern rund dreimal so groß wie die Bundesrepublik Deutschland. Die nigerianische Bevölkerung von etwa 98 Millionen Einwohnern teilt sich in zirka 200 verschiedene ethnische Gruppen; die drei größten sind Haussa-Fulani im Norden, Yoruba im Südwesten und Igbo im Südosten. Nigeria ist das bevölkerungsreichste afrikanische Land. Regierungssitz war bis 1991 Lagos; seither ist Abuja offiziell Bundeshauptstadt.

1960 wurde Nigeria von Großbritannien unabhängig. Nach dem Militärputsch 1966 führten Auseinandersetzungen um die politische Vorherrschaft zu Massakern an den Igbo, die 1967 den eigenen Staat Biafra ausriefen. Ein mehrjähriger Krieg endete 1970 mit der Wiederherstellung des alten Nigeria.

Die nigerianische Wirtschaft ist einseitig von Erdöl geprägt. Trotz seines Reichtums betrugen die Auslandsschulden des Landes 1995 etwa 37 Milliarden Dollar. Nigeria gilt als ein Land mit ausgeprägter Korruption; rund 15 Milliarden Dollar unterschlagenes Geld sollen laut »Spiegel« (8. Januar 1996) und »New African« (Januar 1996) im Drogenhandel investiert worden sein.

Abgesehen von zwei Perioden der Demokratie – 1960 bis 1966 und 1979 bis 1983 – wurde Nigeria seit seiner Unabhängigkeit von Militärdiktaturen regiert. Nach den 1993 abgebrochenen Wahlen ergriff General Sani Abacha die Macht.

Die Antwort des Militärs

Die nigerianische Militärregierung reagierte auf die *Mosop*-Initiativen mit Hausarrest und mehrfachen Verhaftungen von *Mosop*-Führern - auch von Ken Saro-Wiwa; am 11. Juni 1993 wurde ihm der Paß entzogen, so daß er die Menschenrechtskonferenz der Vereinten Nationen in Wien nicht besuchen konnte. 1994 war es allein der Berichterstattung britischer Medien zu verdanken, daß Saro-Wiwa, gegen den keine Klage vorlag, aus der Haft entlassen wurde. In seinem jüngst erschienenen Buch »A Month and a Day« beschreibt er seine Freude über den Einsatz der britischen »Times«, von »Observer«, PEN international, BBC, UNPO, ANA, amnesty international, Greenpeace und der Vereinten Nationen.

Der nigerianische Literaturnobelpreisträger von 1986, Wole Soyinka, bezeichnete die Ereignisse in Ogoni als »das erste nigerianische Experiment mit ›ethnischer Säuberung‹, autorisiert und unterstützt von dem nigerianischen Despoten General Sani Abacha«. General Abacha hatte am 17. November 1993 gegen den nigerianischen Übergangspräsidenten Ernest Shonekan geputscht, einen früheren Direktor von Shell Nigeria; Shonekan war an die Macht gekommen, weil sein Vorgänger, Militärdiktator Ibrahim Babangida, aufgrund der Proteste gegen die Annulierung der Präsidentschaftswahl vom 12. Juni 1993 zurücktreten mußte.

Nach der Machtergreifung Abachas tauschte der General den Militärverwalter Rufus Ada George gegen den Lieutenant-Colonel Dauda Musa Komo als neuen Gouverneur des Rivers States aus. Komo wiederum bevollmächtigte Major Paul Okuntimo, eine 400köpfige Sondereingreiftruppe (Internal Security Task Force) zu bilden, die nach der Verhaftung von Saro-Wiwa am 22. Mai 1994 in Ogoni besonders aktiv wurde. In einem Memorandum vom 12. Mai 1994 - neun Tage vor den Todesfällen, wegen der Saro-Wiwa und die anderen *Mosop*-Vertreter vor Gericht standen - hatte Okuntimo festgehalten, daß die »Polizei in Ogoni seit 1993 wirkungslos blieb« und »Operationen von Shell unmöglich sind, sofern keine militärischen Operationen« stattfinden. Okuntimo empfahl als Strategie »entkräftigende Operationen während Mosop-Veranstaltungen, die eine ständige Militärpräsenz rechtfertigen«. Außerdem: die »Unterbindung von nicht genehmigten Besuchen besonders von Europäern bei den Ogoni« sowie die »Überwachung von Ogoni-Führern, die als Sicherheitsrisiko/Mosop-Wortführer betrachtet werden«. Zusätzlich schlug er »Druck auf die Ölgesellschaften zugunsten zügiger regelmäßiger Bezahlung wie besprochen« vor - ein Vorwurf, den Shell in London zurückwies: »Wir dementieren kategorisch, daß für das Militär jemals irgendeine Form von Beitrag geleistet wurde.«

Die Folgen von Okuntimos Handlungsanleitung bilanziert die US-Menschenrechtsorganisation *Human Rights Watch,* der gegenüber Okuntimo einräumte, daß es während »der ersten Wochen einige kleinere Schwierigkeiten gegeben haben mag«.

Human Rights Watch liegen Angaben vor über eine Reihe von Exekutionen, Plünderungen, Vergewaltigungen, Prügeleien und widerrechtlichen Verhaftungen. Ein Zeuge berichtet von Razzien, in deren Verlauf wildgewordene Soldaten Zivilisten erschossen. Ein Häftling erinnert sich, auf Befehl Okuntimos 60 Schläge auf die Fußsohlen erhalten zu haben, so daß er anschließend nicht mehr gehen konnte; ein anderer mußte während der Prügel zwischen den Zähnen eine Flasche halten, und wenn er sie wegen eines Schmerzensschreis verlor, wurden die Prügel von neuem gezählt. Zahlreiche Frauen gaben an, von mehreren Soldaten mehrfach mißhandelt worden zu sein. Nach weiteren Angaben soll Okuntimo selbst an Vergewaltigungen beteiligt gewesen sein.

Soldaten sagten aus, unzutreffende Angaben über den Zweck ihres Einsatzes bekommen zu haben; einmal sei ihnen gesagt worden, daß aus Kamerun eindringende Truppen zurückzuwerfen seien, ein anderes Mal habe man ihnen gesagt, sie müßten einen regionalen Konflikt schlichten: »Man sagte uns, auf jeden zu schießen, der unseren Weg kreuzte. Ich habe die Anweisung befolgt, bis ich merkte, daß die Zivilisten Nigerianer waren.«

Derartigen »kommunalen Auseinandersetzungen« fielen gemäß einem *Greenpeace*-Bericht bereits bis Juli 1994 rund 1000 Menschen zum Opfer, während etwa 30 000 aus ihren Dörfern vertrieben wurden. *Amnesty international* zufolge sollen zirka

200 Ogoni-Dörfer von der *Internal Security Task Force* überfallen worden sein. Die Zahl der Toten dürfte inzwischen 2 000, die Zahl der Vertriebenen 80 000 betragen; allein 50 Menschen dürften ohne Gerichtsverhandlung hingerichtet worden sein.

Okuntimo, der sich rühmt, 221 Methoden zu kennen, Menschen umzubringen, beschrieb während einer Pressekonferenz seine Vorgehensweise: »Ich schlage nachts zu, so daß niemand weiß, aus welcher Richtung ich auftauche. Ich nehme eine Abteilung Soldaten und beziehe Stellung an vier Punkten der Stadt. Meine Leute haben Maschinengewehre, die machen einen Todeslärm, und wenn man das hört, ist man wie gelähmt. Zusätzlich schicke ich 20 Männer aus und gebe ihnen Granaten, richtige Kracher. 500 Schuß aus einem Maschinengewehr, so begann die Aktion. Wenn vier oder fünf solcher Sachen losgehen und wir Granaten schmeißen, dann macht's bumm, dann wissen die, daß ich da bin. Ja, und was sollen sie dann noch tun? Wir hatten ja vorher schon die Straßen blockiert. Wir wollen nicht, daß jemand entkommt.« (Zitiert nach «Delta Force») Okuntimo wurde im Dezember 1994 zum Lieutenant-Colonel befördert.

Der letzte Diktator Nigerias

Es war einmal ein blühendes Volk von einer halben Million in Südost-Nigeria, dem Gebiet der Ogoni, einer ölproduzierenden Gegend, die große ökologische Schäden erlitten hat. Die Schäden sind weltbekannt geworden durch das leidenschaftliche Engagement eines Schriftstellers namens Ken Saro-Wiwa, selbst ein Ogoni. Als Führer der *Mosop* brachte er den Untergang der Ogoni vor den Minderheitenausschuß der Vereinten Nationen und verlangte die Anerkennung des Ogoni-Volks als gefährdete Minderheit. Er forderte Entschädigung für Ernteausfälle, vergiftete Fischgründe und die allgemeine Zerstörung all dessen, was einmal eine organische ökonomische Existenz seines Volkes garantiert hatte.

Das war vor zwei oder drei Jahren. Jetzt (im Herbst 1995; M.L.) ist Ken Saro-Wiwa in einem versteckten Gefängnis eingesperrt, völlig isoliert von der Öffentlichkeit. Er ist schwer erkrankt - er leidet unter Herzproblemen - und ist ganz und gar der Gnade eines Sadisten ausgeliefert, eines bekennenden Killers und Folterers, extra ausgesucht für die Aufgabe der totalen »Befriedung« Ogoni-Lands. Saro-Wiwas Volk hat sich in die umliegenden Wälder und Mangrovensümpfe gerettet, um zu überleben. Wer in den Townships und Dörfern bleibt, ist Vertreibung, Enteignung, Gewalt und Vergewaltigung ausgesetzt. Ogoni-Land ist zur »Militärzone« erklärt worden, einem »Sonderkommando für innere Sicherheit« unterstellt. Aus dieser Enklave werden Reporter - fremde ebenso wie einheimische - vertrieben, manchmal unter Einsatz von Gewalt. Die nigerianische freie Presse wird ständig weiter durch illegale Schließungen reduziert, die die Polizei auf Befehl des Militärs vornimmt.

Für die Mehrheit der Nigerianer ist Ogoni nur ein entlegenes Problem, weit entfernt von der unmittelbaren Notwendigkeit, das Militär aus der nigerianischen Politik auszurotten, die Nationalvermögen aus ihren schlüpfrigen Händen zu retten und ein für allemal die zur Routine gewordenen Morde an unschuldigen Bürgern in den Straßen von Lagos und anderen besser sichtbaren Zentren der Opposition zu beenden. Die Massaker im Ogoni-Gebiet finden im verborgenen statt, wenig dringt nach außen. In den von der Regierung kontrollierten Medien finden nur jene Massaker die gebührende Aufmerksamkeit, die den Ogoni-Organisationen wie der *Mosop* zugeschrieben werden. Ogoni-Land ist das erste nigerianische Experiment mit »ethnischer Säuberung«, autorisiert und unterstützt von dem nigerianischen Despoten General Sani Abacha. Seine Vollstrecker vor Ort, Lt. Colonel Dauda Komo und Major Paul Okuntimo, sind Nigerias Beitrag zu dem schändlichen Register des Kadavergehorsams.

Ogoni-Land ist leider nur der Modellraum für den lang erträumten totalitären Schlag gegen die liberalen, politisch gebildeten Teile des nigerianischen Staates, die es gewagt haben, sich mit der Machtbesessenheit einer winzigen, aber halsstarrigen militärisch-zivilen Hegemonie anzulegen. Die Ogoni sind nur die Versuchskaninchen für eine kranke Lösung der schwelenden Ungleichheit, die die Briten hinterließen, als sie ihre Abreise planten. Deren Nutznießer ist bis heute eine Minderheit, die sich aus einer wohlgenährten Oligarchie und ihren verwöhnten, trägen Nachkommen zusammensetzt.

Wer die Katastrophe verstehen will, auf die die nigerianische Nation zutreibt, tut gut daran, die Persönlichkeit des gegenwärtigen Diktators zu studieren. Abacha ist bereit, Nigeria in Schutt und Asche zu legen, wenn er dann auch nur über einen Namen regieren könnte. Es fehlt ihm völlig an Perspektiven oder Visionen; er ist ein Maulwurf, der in einem Labyrinth von Tunneln gefangen ist. An jedem möglichen Ausgang wird er von den Scheinwerfern eines Fahrzeugs geblendet, und er erstarrt. Wenn das Licht abschwenkt, taucht er auf, um alles, was in seiner Reichweite liegt, zu zerstören. Abacha ist unfähig, dieses Licht genauer zu fokussieren; er könnte nicht erwägen, ob dieser Lichtstrahl ihn aus seiner geistigen Umnachtung herausführen kann.

Abacha hat von Nigeria keine Ahnung. Jenseits der Vorstellung eines Lebens, das pflichtschuldigst seinen enormen Reichtum und nun auch seine Macht vermehrt hat, hat Abacha nicht die leiseste Ahnung von Nigeria. Deshalb ist er auch unfähig, zu verstehen, was ihm Leute aus der Bürgerrechtsvereinigung, von der Kampagne für Demokratie, der nationalen demokratischen Koalition, der Marktfrauen-Organisation, der Studentenverbände, der Gewerkschaften und der Presse in deutlichen Worten sagen. Keiner von ihnen paßt in sein Bild von der nigerianischen Nation. Nur indem er sie allesamt ausschaltet, indem er all diese abweichenden Stimmen zum Schweigen bringt, kann Nigeria die Einheit beweinen, die er als einziges akzeptiert.

Abacha wird erst zufrieden sein, wenn er alles zerstört hat, was er geistig nicht fassen kann – und das ist buchstäblich ganz Nigeria. Er wird erst Frieden finden, wenn auch die Stimmen, deren Landessprache er nicht identifizieren kann, zum Schweigen gebracht worden sind. Die Hölle, die Ogoni-Land heute ist – das ist genau das, was sich Abachas Hirn unter nationaler Verträglichkeit vorzustellen vermag. Was sich seinem Größenwahn in Sachen Macht ebenso wie in persönlicher Bereicherung nicht freiwillig fügt, muß unterworfen und keimfrei gemacht werden.

Wole Soyinka

Kein rechtsstaatliches Verfahren

Über den Prozeß gegen Saro-Wiwa und die *Mosop*-Vertreter veröffentlichte der britische Rechtsanwalt Michael Birnbaum am 8. Juni 1995 einen Bericht für die drei Organisationen *Article 19, The Bar Human Rights Committee of England and Wales* und *The Law Society of England and Wales.* Birnbaum bezweifelt darin die Aussicht auf einen unparteiischen Prozeß, weil zum einen vor einem Sondertribunal verhandelt wird und weil zum anderen einer der drei Richter, Lieutenant-Colonel Ali, ein Vertreter der Armee ist. »Das Gericht ist nicht unabhängig von der Regierung«, resümierte Birnbaum.

Die lange Phase zwischen Verhaftung und Anklageerhebung bestärkte seine Zweifel ebenso wie mehrere Verfahrensfehler; so habe der Vorsitzende Richter, Ibrahim Ndahi Auta, den Beginn des Prozesses angeordnet, ohne daß die Anklageschriften vorlagen, und außerdem habe keiner der Angeklagten vor Prozeßbeginn die Möglichkeit gehabt, seinen Anwalt zu sehen. Zudem sei Okuntimo nach Belieben bei den Gesprächen zwischen den Angeklagten und ihren Anwälten anwesend. Auch unter Berücksichtigung einer illegitimen Regierung - Abacha hatte die Präsidentschaftswahl 1994 ausgesetzt und den voraussichtlichen Sieger Moshood Kashimawo Olawele Abiola wegen Hochverrats verhaften lassen - erschien Birnbaum ein unvoreingenommener Prozeß unwahrscheinlich.

Birnbaums schriftliches, persönlich ausgehändigtes Ersuchen, die Angeklagten besuchen zu dürfen, wurde abgelehnt. Saro-Wiwas 74jährige Mutter Jessica und seine Frau Mina wurden laut *Human Rights Watch* zum Prozeßauftakt von Soldaten geschlagen, die Anwälte der Angeklagten, Gani Fawehinmi und Femi Falana, noch mehrmals während des weiteren Prozeßverlaufs. Die beiden Anwälte wurden außerdem mehrfach über kurze Zeiträume inhaftiert.

Dem Angeklagten Baribor Bera fehlten *amnesty international* zufolge bei seinem Erscheinen vor Gericht mehrere Zähne. David Gbokoo klagte über fehlende Medikamente. Paul Levura sagte, an den Händen über einen längeren Zeitraum aufgehängt worden zu sein. Nordu Eawo gab an, mit einem scharfen Gegenstand an Genitalien und Kopf geschnitten worden zu sein. Der seit 26. Mai 1994 inhaftierte 40jährige Ogoni Clement Tusima, ein Mechaniker, starb am 14. August 1995 in Haft an Diabetes – ihm soll medizinische Hilfe verweigert worden sein.

Okuntimo selbst soll im Juni 1994 drei Besucher – zwei nigerianische Rechtsanwälte (darunter den Vertreter des nigerianischen Menschenrechtsdachverbandes CLO, Oronto N. Douglas) und einen britischen Vertreter der Umweltgruppe *Pro Natura* (Nick J. Ashton-Jones) – mit einer Pistole bedroht und ihnen gesagt haben, daß er Saro-Wiwa gefesselt und ohne Nahrung an einen unbekannten Ort habe bringen lassen; er, Okuntimo, hätte für die Shell-Einrichtungen sein Leben riskiert und würde das Land der Ogoni »säubern«, denn schließlich »bezahlt Shell das Militär«. Die Besucher sollten froh sein, nicht selbst getötet zu werden. Als Douglas in seinem Bericht »Ogoni: Four Days of Brutality and Torture« im »Sunday Guardian« (26. Juni 1994) seine Beschuldigungen wiederholte, blieben sie ohne Widerspruch. Douglas und Ashton-Jones veröffentlichten 1994 einen »Report to Statoil (Nigeria)«, auf den sich die Weltbank-Studie mehrfach bezieht.

Als zwei Zeugen der Anklage, Charles Suanu Danwi und Naayone Nkpah, gestanden, von den nigerianischen Behörden mit Geld (30 000 Naira, das sind zirka 2 000 DM), einem Haus und der Aussicht auf eine feste, gut bezahlte Anstellung – bei Shell – bestochen worden zu sein, blieb das ohne Auswirkung auf den Verlauf des Verfahrens, obwohl sie neun weitere Zeugen belasteten, bestochen worden zu sein (Kenwin Badara, Anderson Keenom, David Kenmon, Baridi Komene, Celestine Mabe, Barribor Tegbee, Saturday Eeye, Peter Fii sowie »Uzomah« aus Bomu). Über Mabe und Kenmon sagte Danwi in der nigerianischen Zeitung »The Masses« (21. Februar 1995), sie seien als fallengelassene *Mosop*-Funktionäre unschwer zu einer Aussage gegen Saro-Wiwa zu bewegen gewesen. Der 34jährige Charles S. Danwi hatte am 14. Februar 1995 seine Aussage vor Gericht zurückgezogen und eine neue, schriftliche Erklärung abgegeben, die er am 16. Februar 1995 in der Rechtsanwaltskanzlei von Saro-Wiwas Verteidiger beeidete. Naayone Nkpah legte am 27. Februar 1995 unter Eid eine schriftliche Erklärung ab und widerrief seine Zeugenaussage. Shell wies alle Anschuldigungen als falsch und absurd zurück.

Anläßlich des Jahrestags seiner Verhaftung beschuldigte Saro-Wiwa in einem offenen Brief vom 22. Mai 1995 einerseits Shell der Gleichgültigkeit gegenüber dem Elend der Ogoni und andererseits die britische Regierung der Waffenlieferungen an Nigeria. Noch im gleichen Monat wurde Saro-Wiwa auf Weisung des Gerichts zu einer medizinischen Behandlung gebracht, um die seine Anwälte bis dahin vergeblich gebeten hatten. Am 22. Juni 1995 legten Saro-Wiwas Anwälte auf Wunsch des Schriftstellers den Fall vorübergehend nieder, weil nicht von einem fairen Prozeß auszugehen sei.

Das in London herausgegebene Monatsmagazin »New African« (Dezember-Ausgabe 1995) berichtet, daß zum Beispiel ein Video nicht ausgewertet werden durfte, das zur Entlastung Saro-Wiwas hätte beitragen können. Ebenso seien Dokumente der Verteidigung nicht zugelassen worden, und Polizisten sowie Soldaten hätten am 29. Juli 1995 das Haus Saro-Wiwas in Port Harcourt nach Videos und Dokumenten durchsucht, die Saro-Wiwa möglicherweise zu seiner Verteidigung hätte verwenden können; dabei seien Computer, Drucker und Disketten mit neuen literarischen Arbeiten verschleppt worden.

Die Militärbehörden des Rivers States erklärten die *Mosop*-Mitgliedschaft zum »sezessionistischen Akt«, der als Verrat mit der Todesstrafe geahndet werden könne. Alle Personen, die im Juli 1995 mit einer Vertretung der *Commonwealth Human Rights Initiative* gesprochen hatten, wurden am 4. August festgenommen. Priestern wurde untersagt, in ihren Predigten Saro-Wiwa zu erwähnen. Am 15. und am 18. September durchsuchten Soldaten und Polizisten unter Leitung des seit Juli 1995 neuen Internal-Security-Task-Force-Befehlshabers Major Obi Umahi, der den beförderten Okuntimo ersetzte, mehrere *Mosop*-Büros und beschlagnahmten Arbeitsmaterialien und Dokumente. Ken Saro-Wiwa trat am 18. September in einen unbefristeten Hungerstreik.

In seinem offenen Brief hatte der Schriftsteller vier Monate zuvor gesagt: »Als ich mich nach Jahren des Schreibens entschloß, das Wort auf die Straße zu bringen, um das Volk der Ogoni zu mobilisieren und ihm beizustehen beim Protest gegen die Zerstörung ihrer Umwelt durch Shell und gegen die Erniedrigung durch Nigerias militärische Diktatoren, hatte ich keinen Zweifel, wo das enden könnte. Ich habe mich geistig auf das Schlimmste gefaßt gemacht, obwohl ich noch das Beste erhoffe. Ob ich lebe oder sterbe, ist unerheblich. Der moralische Sieg wird mir gehören. Es reicht mir, daß ich weiß, daß Menschen Zeit, Geld und Energie einsetzen, um gegen ein Übel unter vielen anzukämpfen. Wenn sie nicht heute Erfolg haben, so werden sie morgen erfolgreich sein.«

Saro-Wiwa ist zu einem Vorbild geworden. Daniel A. Omoweh, der über die Protestbewegung der ebenfalls im Niger-Delta ansässigen Ughelli schrieb, stellte fest, daß sie »nicht so stark wie die Bewegung für das Überleben des Ogoni-Volkes (Mosop) sein mag, aber etwas Vergleichbares im Entstehen begriffen sei«. In dem Film »Delta Force« bestätigt der im Exil lebende Wole Soyinka die Bedeutung Saro-Wiwas für den Widerstand im Niger-Delta: »Sein Erfolg ist ein Beispiel für andere Leute. Das ist es, was die Regierung erschreckt, einfach weil es die erste organisierte Bewegung in den ölproduzierenden Regionen Nigerias ist, die Entschädigungen für zerstörte natürliche Ressourcen fordert.«

So flammte der Aufruhr weiterer Volksgruppen auf, die in den Ölfördergebieten der Küstenregion zu Hause sind. *Human Rights Watch* listet auf, daß Obagi eine Fabrik von Elf besetzten und die Einrichtung zerstörten; ein Obagi wurde des Mordes angeklagt und wieder freigelassen. Die Brass demonstrierten gegen Agip und wurden von Marinesoldaten und mit Hubschraubern in die von Schlangen wimmelnden Sümpfe getrieben. Die Nembe Creek griffen eine Shell-Station an, und als nach einem weiteren Übergriff und dem Hilfeersuchen von Shell einige Männer verhaftet wurden, kam es zu einer Demonstration, in deren Verlauf die Polizei das Feuer eröffnete. Als die Rumuobiokani vor dem Shell-Hauptquartier in Port Harcourt demonstrierten, ließ Okuntimo auf die Demonstranten schießen, ohne daß Shell um Hilfe gebeten hatte - fünf Menschen starben.

Reaktionen auf die Todesurteile

Nach dem Richterspruch vom 30. Oktober 1995 bekräftigte Ken Saro-Wiwa: »Was das Verfahren hier betrifft, so muß ich betonen, daß ich schon als schuldig betrachtet wurde, bevor der Prozeß begann. Am 22. Mai 1994, nur einen Tag nach den Morden, sagte der Militärverwalter des Rivers States, Lieutentant-Colonel Dauda Musa Komo, bei einer Pressekonferenz, daß die Ogoni-Bewegung die Schuld für die Morde trage. Und während des Prozesses sagte der Rechtsberater der Regierung während einer Konferenz in Genf: ›Ken Saro-Wiwa ist des Mordes schuldig.‹«

Die Todesurteile veranlaßten Soyinka und Saro-Wiwas gleichnamigen Sohn, zum Widerstand gegen die Militärregierung und zum Boykott von Firmen aufzurufen, die mit dem Abacha-Regime zusammenarbeiten: »Dieses Regime muß isoliert werden, es muß ökonomisch und kulturell völlig ausgetrocknet werden. Wirtschaftliche, diplomatische, kulturelle, Sportboykottmaßnahmen sind wichtig, aber wir brauchen wirklich eine vollständige gnadenlose Isolation dieses Regimes.« Nadine Gordimer, die südafrikanische Literaturnobelpreisträgerin des Jahres 1991, schloß sich Soyinkas Boykottaufruf ebenso an wie der südafrikanische Friedensnobelpreisträger Desmond Tutu.

Michael Birnbaum stellte klar: »Die Entscheidung dieses Gerichts bestätigt im Grunde genommen nur die vorgefertigte Meinung der Militärregierung. Im Endeffekt bedeutet das: Hinter allem stand nur die Regierung. Dieses Verfahren war eine Farce.« (Weltspiegel, ARD, 19. November 1995)

Die afro-amerikanische Organisation *Trans Africa* demonstrierte vor der nigerianischen Botschaft in Washington gegen das Militärregime und forderte die Freilassung Moshood Abiolas. Jakob von Uexkull, der Stifter des Alternativen Nobelpreises, forderte einen Verbraucherboykott gegen Shell, weil der Ölproduzent mitverantwortlich sei für das »politisch motivierte Todesurteil gegen einen Unschuldigen«.

Doch nicht nur im Ausland, auch innerhalb Nigerias wurden die Rufe nach einem Boykott unüberhörbar: »Nigerias Junta muß mit umfassenden wirtschaftlichen, diplomatischen und politischen Sanktionen gezeigt werden, daß die Verletzung der Menschenrechte und die willkürliche Herrschaft der Militärs nicht länger hingenommen werden kann«, kommentierte Nigerias Menschenrechtsdachverband *Civil Liberties Organization (CLO)* die Todesurteile. Die CLO hatte 1993 den Menschenrechtspreis des *Deutschen Richterbundes* erhalten und wird vom katholischen *Misereor* unterstützt.

Shell erklärte, es sei nicht die Aufgabe des Konzerns, »in ein juristisches Verfahren eines souveränen Staates wie Nigeria einzugreifen«. Cornelius A. J. Herkströter äußerte sich im Interview gegenüber einer Amsterdamer Tageszeitung: »Das ist nicht unsere Sache.« Alan Detherigde, der für Nigeria verantwortliche Shell-Manager in London, sagte: »Wir halten nichts von irgendwelchen Sanktionen. In die Politik mischen wir uns nicht ein.« Die Deutsche Shell beeilte sich, laut Konzernsprecher Klaus-Peter Johanssen, festzuhalten: »Die nationalen Shell-Gesellschaften handeln strikt selbständig.« Ein Shell-Ingenieur aus Den Haag bezog deutlicher Stellung: »Mit unserer Selbstdarstellung läuft einfach alles verkehrt. Ich frage mich manchmal, ob die da oben noch von dieser Welt sind.«

Nach den Todesurteilen plädierten der deutsche PEN, der Börsenverein des Deutschen Buchhandels, die Frankfurter Buchmesse und die *Gesellschaft für bedrohte Völker (GfbV)* für eine Aussetzung der Strafe, deren Ausmaß Bundesaußenminister Klaus Kinkel als bestürzend bezeichnete. Die GfbV forderte Shell auf, sich bei der nigerianischen Regierung für den Abzug der Armee aus Ogoni einzusetzen und freien Zugang für Hilfs- und Menschenrechtsorganisationen zu verlangen; die Gesellschaft unterstrich ihr Anliegen mit einer Liste von etwa 15 000 gesammelten Unterschriften.

US-amerikanische Banken setzten alle Transaktionen im Nigeria-Geschäft aus. In Londoner Regierungskreisen hieß es, es gäbe eine Fülle möglicher politischer und wirtschaftlicher Maßnahmen gegen Nigeria, wenn das westafrikanische Land nicht einlenke.

Ungeachtet aller Proteste bekräftigte General Abacha Anfang November die Todesurteile; einen Monat zuvor, am 1. Oktober 1995, hatte er bereits seine Militärherrschaft entgegen der Ankündigung, einen Zeitpunkt für freie Wahlen zu benennen, bis 1997 verlängert.

Der zunehmenden Kritik trug dann auch Shell Rechnung: Brian Anderson, der Sprecher des Ölkonzerns sagte, es sei zwar nicht Sache seines Unternehmens, sich in Regierungsangelegenheiten einzumischen, doch aus humanitären Gründen solle die Todesstrafe aufgehoben werden. Herkströter bat Abacha in einem Brief um »Milde« gegenüber Saro-Wiwa und die verurteilten Bürgerrechtler. Die Zurückhaltung hatte einen Grund: Nigerias Militärs beantworteten die Andeutung eines schärferen britischen Kurses mit der Drohung, britisches Kapital zu beschlagnahmen.

Der nigerianische Außenminister Tom Ikimi erklärte am Morgen des 10. November 1995 im neuseeländischen Auckland, daß seine Regierung im Zusammenhang mit den Todesurteilen nicht richtig verstanden werde - jeder Staat habe seine Probleme; diejenigen, die die Urteile kritisierten, sähen die Fakten nicht.

Amnesty international befürchtete zu Recht die baldige Vollstreckung der Todesurteile. Tatsächlich wurden die Bürgerrechtler noch am 10. November 1995 gehenkt. Ihre Leichen wurden auf dem städtischen Friedhof von Port Harcourt beigesetzt; »wir haben jeden einzeln in einem Sarg in ein eigenes Grab gelegt«, sagte Komo, der Militärverwalter von Rivers States, der die Hinrichtung überwachte, »wir hätten sie auch alle zusammen in ein Loch werfen können.«

Die Hinrichtung

Fünfmal mußte Saro-Wiwa den Galgen besteigen, bis der Scharfrichter dem Leben des Schriftstellers ein Ende gesetzt hatte. »Herr, nimm meine Seele entgegen, aber der Kampf geht weiter«, zitiert die »International Herald Tribune« (13. November 1995) die letzten Worte Saro-Wiwas. Er war als erster der Verurteilten zur Hinrichtung bestimmt und soll als einziger – laut eines Augenzeugenberichts gegenüber »Newsweek« (18. Dezember 1995) – bis zuletzt ohne Tränen geblieben sein. »Warum behandelt ihr Leute mich so?« soll er gefragt haben, »was für eine Art von Land ist das hier?«

Saro-Wiwas Bücher und Schreibutensilien waren am 2. November aus der Zelle entfernt worden. Wie die britische Sonntagszeitung »Observer« (19. November 1995) berichtet, sollen die Verurteilten dennoch bis zuletzt davon ausgegangen sein, daß ihre Todes- in Haftstrafen umgewandelt würden, weil ihre Frauen noch Anfang November darum gebeten worden waren, neue Gefängnisuniformen anzufertigen. Sogar während des Urteilsspruchs am 31. Oktober, als Ledum Mitee – ein weiteres *Mosop*-Mitglied, das als einziges freigesprochen wurde – in Tränen ausbrach, weil alle anderen zum Tod verurteilt wurden, soll ihn Saro-Wiwa mit den Worten getröstet haben: »Mach' dir nichts daraus, Ledum, du kannst die Sache voranbringen, während wir hinter Gittern sitzen.«

Am 7. November, einem Dienstag, wurden die Sicherheitsvorschriften im Lager Bori verschärft. Den Frauen, die ihren Männern Essen bringen wollten, blieb der Zutritt verwehrt. Wenige Stunden nach der Bestätigung der Todesurteile wurden tags darauf neun Särge in das Gefängnis von Port Harcourt gebracht. Auch nach der Bestätigung der Todesurteile durften die Frauen ihre Männer nicht mit Nahrung versorgen; bis zur Hinrichtung soll den Gefangenen Essen, Wasser und Schlaf vorenthalten worden sein. Gemäß der nigerianischen Zeitung »AM News« (12. November 1995) sollte die Hinrichtung umgehend erfolgen, doch verfügt das Gefängnis in Port Harcourt über keine entsprechende Ausstattung; seit 1961 sind dort keine Todesurteile vollzogen worden. Am Donnerstag, 9. November, wurden daher Henker aus der nordnigerianischen Stadt Sokoto eingeflogen, doch waren deren Ausweispapiere nicht vollständig.

Am Morgen des 10. November, freitags um fünf Uhr, wurden Ken Saro-Wiwa und seine acht Mitarbeiter aus ihren Zellen geholt; man sagte ihnen, sie würden vom Militärlager Bori, wo sie bis dahin festgehalten wurden, in das Gefängnis nach Port Harcourt gebracht, weil es Anzeichen gäbe, daß jugendliche Ogoni das Lager in Bori angreifen wollten.

Nach dem Transport in einem schwarzen Polizeiwagen wurden die neun Bürgerrechtler in Port Harcourt zusammen eingesperrt und an Handgelenken und Fußknöcheln gefesselt. Als Saro-Wiwa unmittelbar vor seiner Hinrichtung um 11.30 Uhr darum bat, daß sein Etui mit Pfeife und Tabak seinem Vater geschickt werde, erhielt er eine abschlägige Antwort. Ein schwarzer Sack wurde über seinen Kopf gezogen.

Ken Saro-Wiwas Todeskampf soll, weil das geringe Eigengewicht des lediglich etwa 1,55 Meter großen Mannes die Nackenwirbel nicht vom Kopf trennte, häßlich, brutal und lange andauernd gewesen sein. »Ken zuckte und schleuderte seine Arme herum«, sagte der Augenzeuge, der als eine von 15 Personen bei der Hinrichtung anwesend war; »es dauerte 20 Minuten, bis er starb«. Ein Kameramann soll den Verlauf auf Video aufgenommen und die Kassette an General Abacha geschickt haben.

Reaktionen auf die Hinrichtung

Den Tod der Bürgerrechtler beantworteten die Commonwealth-Staaten bei ihrer Tagung vom 10. bis zum 12. November 1995 im neuseeländischen Auckland mit der Aussetzung der Mitgliedschaft und der Androhung des Ausschlusses Nigerias aus dem anglophonen Staatenbund, wenn das Land nicht binnen zwei Jahren zur Demokratie übergeht. Die USA und alle Staaten der Europäischen Union (EU) zogen ihre Botschafter zu Konsultationen ab. Die noch ausstehende Entwicklungshilfe der EU in Höhe von 440 Millionen Mark wurde eingefroren; Deutschland stoppte eine geplante Projektförderung in Höhe von acht Millionen Mark. Die Bundesregierung beschloß Visabeschränkungen für Regierungsmitglieder.

Die USA und Großbritannien stellten ihre Lieferungen von Waffen und Rüstungsgütern an das westafrikanische Land ein. In Nigerias früherer Hauptstadt Lagos wurde eine Kundgebung von 3 000 Menschen mit Schüssen und Tränengas aufgelöst; die nigerianische Katholische Bischofskonferenz protestierte.

In Bonn veranstaltete *Greenpeace* eine spontane Trauerwache mit neun schwarzen Kreuzen vor der nigerianischen Botschaft. In Hamburg demonstrierte die *Gesellschaft für bedrohte Völker (GfbV)* mit einem überdimensionalen Galgen vor der Hauptverwaltung der Deutschen Shell. In rund

50 deutschen Städten machte *Greenpeace* den Shell-Konzern und andere Mineralölunternehmen für die Umweltzerstörung in Nigeria mitverantwortlich. Die GfbV rief wie Bündnis 90/Die Grünen, SPD und FDP zu einem Boykott auf. Die Bundesländer Hessen, Nordrhein-Westfalen, Schleswig-Holstein, Hamburg, Niedersachsen und Rheinland-Pfalz beschlossen einen Abschiebestopp für nigerianische Asyl-Antragsteller. Das Europäische Parlament forderte ein Ölembargo, das die EU-Kommission indes ausschloß; die USA bezeichneten es als nicht durchführbar.

Das Direktorium von Shell äußerte tiefes Bedauern über die Hinrichtung und erklärte, es sähe keinen Grund für einen Rückzug aus Nigeria. Gegenüber der Zeitung »Die Welt« (20. November 1995) äußerte der Aufsichtsratsvorsitzende Cornelius A. J. Herkströter: »Ich weise hiermit aufs schärfste zurück, als habe Shell auch nur irgend etwas damit zu tun, was sich in Nigeria ereignet hat. Sollten wir uns zurückziehen, kämen andere Ölgesellschaften, die dort mit ausgebildetem Personal,

Deutsche Rohöleinfuhr 1994 nach Herkunftsländern (in 1000 Tonnen)

GUS	22758
Norwegen	19561
Großbritannien	16570
Libyen	11721
Saudi-Arabien	7082
Nigeria	6869

Quelle: Mineralölwirtschaftsverband

Deutsche Rohöleinfuhr aus Nigeria von 1988 bis 1994 (in 1000 Tonnen)

1988	4712
1989	4493
1990	6127
1991	6793
1992	8942
1993	7689
1994	6869

Quelle: Mineralölwirtschaftsverband

das wir zurücklassen müßten, arbeiten können.« Bei einem Rückzug von Shell könne »auf Einladung der nigerianischen Regierung einer der vielen ›Newcomer‹ der internationalen Ölszene den Betrieb der Anlagen übernehmen«, fürchtet Shell, das als »Newcomer« die Firmen Exxon, BP und Statoil betrachtet.

Auch die Deutsche Shell wies Forderungen zurück, Shell, Agip und Elf sollten sich aus Nigeria zurückziehen. Shell-Pressesprecher Reiner Winzenried begründete die ablehnende Haltung mit der Zahl der direkt beschäftigten 5000 und der in Zulieferfirmen angestellten 25000 Nigerianer, die sonst arbeitslos würden. Ein Boykott gegen seinen Arbeitgeber sei »falsch, ungerecht und fast schon absurd«. Der Afrika-Koordinator von Shell, Dick van de Broek, gab den Gegnern des Militärregimes eine Mitschuld an der Exekution der Bürgerrechtler. »So wie die weltweiten Proteste zunahmen, hat sich die Haltung der Regierung verhärtet.«

Einem mindestens vier Milliarden Dollar teurem Projekt – dem Bau einer Gasverflüssigungsanlage –, das Shell zusammen mit Elf und Agip bei 49prozentiger Beteiligung der europäischen Ölgesellschaften (25,6 Prozent bei Shell) am 15. November 1995 beschließen wollte, entzog die Weltbank einen Kredit in Höhe von 81 Millionen Dollar. Shell verschob die Vertragsunterzeichnung auf das Jahresende 1995 und bekräftigte, ungeachtet der Hinrichtungen weiter in Nigeria investieren zu wollen. Shell-Sprecher Hans den Breems sagte in London, seine Firma sei seit 50 Jahren in Nigeria engagiert: »In dieser Zeit sind viele Regierungen gekommen und gegangen.« Die Ölkonzerne Chevron und Mobil halten an der Verwirklichung ihrer geplanten Projekte im Wert von 1,5 Milliarden Dollar fest.

Die nigerianische Regierung wies im Gegenzug die Suspendierung aus dem Commonwealth als unbegründet zurück. »Wir betrachten sie als unglücklich und unbegründet.« Außenminister Ikimi bezeichnete sie als »selektiv, diskriminierend und ungeheuer unfair«. Die Entscheidung sei »übereilt« und »unvereinbar« mit den Tatsachen, die dazu geführt hätten. Die Regierung von Nigeria werde darauf »angemessen, in Übereinstimmung unserer Bestrebungen, Interessen, unserer Würde und Selbstachtung« antworten. Nigerias stellvertretender UN-Botschafter Isaac Ayewah wies die weltweite Kritik als »grobe Einmischung in die inneren Angelegenheiten meines Landes« zurück. Als Reaktion auf die weiteren internationalen Proteste zog Nigeria die Botschafter aus den USA, Südafrika und den EU-Staaten ab. In Teilen Nigerias kam es zu regimefreundlichen Demonstrationen; neun Mitglieder des nigerianischen Komitees für die Verteidigung der Menschenrechte wurden verhaftet.

Ken Saro-Wiwa hatte für den Prozeß ein Plädoyer vorbereitet, das er jedoch nicht halten durfte:

»Euer Ehren, eines Tages wird die Geschichte uns alle richten. Ich habe absolut keinen Zweifel an dem Erfolg meiner Sache. Weder Gefängnisse noch Hinrichtungen können unseren Sieg verhindern. Wenn wir uns alle vor der Geschichte verantworten müssen, dann sind meine Mitstreiter und ich nicht die einzigen, die hier vor Gericht stehen. Auch der Ölkonzern Shell ist angeklagt. In diesem Prozeß stehen auch die gegenwärtige Regierung Nigerias und jene vor Gericht, die sie unterstützen. Sie werden von vielen Politikern, Anwälten, Richtern, Akademikern und Geschäftsleuten unterstützt, die sich alle hinter der Entschuldigung verstecken, sie würden nur ihre Pflicht erfüllen. Unschuldig in allen Anklagepunkten, die mir hier vorgeworfen werden, und mit ganzer Überzeugung rufe ich das Volk der Ogoni, alle Völker des Niger-Deltas und alle unterdrückten Minderheiten dieses Landes auf, sich zu erheben und ohne Furcht, aber friedlich, für ihre Rechte zu kämpfen. Die Geschichte ist auf ihrer Seite. Denn in der Sure 42 im Vers 41 des Koran heißt es: ›Alle, die kämpfen, wenn sie unterdrückt werden, ziehen keine Schuld auf sich, aber Allah wird den Unterdrücker eines Tages bestrafen.‹ Dieser Tag wird kommen.«

Shells Anzeige: Stille Diplomatie

Nach einer Kampagne gegen Shell versuchte der Ölkonzern für sich mit dem Merksatz zu werben: »Wir sind nicht nur verantwortlich für das, was wir tun, sondern auch für das, was wir nicht tun«. In einer Anzeigenserie in britischen Zeitungen und – am 21. November 1995 – auch in deutschen Zeitungen nahm Shell Stellung zu den unvermindert anhaltenden Forderungen, sich aus Nigeria zurückzuziehen, und zu dem Aufruf, Shell-Tankstellen zu boykottieren. »Klarheit in einem schwierigen Umfeld« lautete der Titel von Shells Anzeigenserie, die im Stil den im Februar 1993 eingeschlagenen Kurs (siehe Seite 26) verfolgte.

»Hat stille Diplomatie versagt? Vielleicht sollten wir uns besser fragen, warum die internationalen Proteste versagt haben. Wir sind nach wie vor davon überzeugt, daß stille Diplomatie im Interesse von Ken Saro Wiwa die beste Aussicht auf Erfolg hatte. Doch die Position der Regierung schien sich zu verhärten, als öffentliche Drohungen und Proteste zunahmen.«

Ken Saro-Wiwas jüngerer Bruder Owens Wiwa, ein Arzt, beschreibt die stille Diplomatie Shells derart, daß Shell mit Owens Wiwa über die Freilassung Saro-Wiwas verhandeln wollte, wenn die Ogoni-Chiefs als Gegenleistung ihre weltweiten Proteste gegen Shell einstellten. Gegenüber der Londoner Zeitung »Observer« (19. November

1995) erklärte Owens Wiwa, daß Brian Anderson, der Leiter der nigerianischen Shell, im Sommer 1994 angeboten habe, unter der genannten Bedingung den Einfluß von Shell gegenüber dem Militärregime geltend zu machen. Owens Wiwa sagte, Anderson habe ihm dieses Angebot bei drei geheimen Treffen in Lagos zwischen Mai und Juli 1994 unterbreitet. Das erste Treffen sei von dem britischen Botschafter in Lagos vermittelt worden.

Über seine Gespräche mit Anderson sagte Owens Wiwa: »Jedesmal bat ich ihn um Hilfe, meinen Bruder und die anderen frei zu bekommen. Er sagte, er würde uns helfen, Ken zu befreien, wenn wir die Protestkampagne im Ausland stoppten. Selbst wenn ich es gewollt hätte, es hätte nicht in meiner Macht gestanden, die internationalen Proteste der Umweltorganisationen zu kontrollieren.«

Ein Shell-Sprecher bestätigte gegenüber dem »Observer«, daß Anderson »eine Reihe von privaten Treffen« mit Owens Wiwa hatte; es sei ein Versuch der »stillen Diplomatie« gewesen, aber keine Einflußnahme auf die Politik. Owens Wiwa hatte sich nach der Verhaftung seines Bruders Ken bei Freunden in Nigeria versteckt gehalten; am 13. November 1995 war ihm und seiner Familie über Benin, Togo und Ghana die Flucht nach Großbritannien geglückt. *The Body Shop International* hatte Tickets und Visa besorgt.

Shells Anzeige: Umweltprobleme

»Es gibt sicher eine Reihe von Umweltproblemen im Niger-Delta. Wie Ergebnisse einer Weltbank-Studie jedoch aufzeigen, sind außer der Ölförderung auch Bevölkerungswachstum, Kahlschlag der Wälder, Erosion und extensive Landwirtschaft wesentliche Ursachen für die Umweltprobleme.«

In »The Ogoni Issue« (25. Januar 1995) bezieht sich Shell auf den Umweltgipfel 1992 in Brasilien sowie auf Paragraph 11 der Rio-Erklärung. Darin heißt es, daß Umweltschutz universell, aber nicht an allen Orten in gleichem Maße zu befolgen sei; mit den verschiedenen landesüblichen ökologischen, technischen und ökonomischen Standards könne auch der Umweltschutz variieren.

In der Tat hält die Weltbank-Studie fest, daß das Niger-Delta als ganzes im Vergleich zu anderen Formen der dort anhaltenden Umweltzerstörung und im Vergleich zu ähnlichen Regionen der Erde einer niedrigen Belastung durch Öl- und Luftverschmutzung ausgesetzt ist; »nur Gebiete, die großen oder wiederholten Ölverschmutzungen und Lecks unmittelbar ausgesetzt sind, werden langfristige Umweltprobleme haben«. Diese Probleme sind »regional, und der langfristige Schaden ist beschränkt auf die unmittelbare Umgebung großer Ölanlagen, die ununterbrochen in Betrieb« sind. Doch sind »die Kosten zur Vermeidung der Ölverschmutzung nicht hoch und sollten in den gewöhnlichen Ausgaben der im Delta arbeitenden Ölgesellschaften enthalten sein, wie das in den meisten Teilen der Welt üblich ist. Der nicht berechenbare Vorteil besserer Beziehungen zu den Flußgemeinden könnte sehr hoch sein, wenn mit künftiger Verschmutzung besser umgegangen würde«.

Tatsächlich benennt die Weltbank-Studie den Bevölkerungszuwachs im Niger-Delta als eine der größten Ursachen der Umweltverschmutzung und der Zerstörung der Natur. Doch erwähnt die Studie kein Bevölkerungswachstum der Ogoni, die von den Vereinten Nationen »den Status einer bedrohten Minderheit zugesprochen erhielten«; statt dessen erwähnt sie eine »in großem Maße gestiegene Zuwanderung in die Gegend, seit die Ölförderung in den Sechzigern einsetzte«. Die hohe Bevölkerungszunahme verursacht, »als eine Folge der Ölförderung«, weitere Umweltschäden in Gestalt von Abwasser- und Abfallproblemen sowie von Energiebedarf und Landschaftsverbrauch durch Haus-, Acker-, Damm- und Straßenbau. Neues Ackerland sei nötig, weil die Fruchtbarkeit der Böden nachlasse.

Den erwähnten Kahlschlag der Wälder führt die Studie auf den Bevölkerungszuwachs wegen der Entwicklung der Ölindustrie zurück. Das Hochland der Ogoni, einst ganz mit Regenwald bewachsen, sei nahezu vollständig zu Ackerland umgeformt worden; lediglich kleinere Waldstücke in religiös verehrten Wäldern seien erhalten geblieben und dennoch gefährdet. »Eine Hauptrolle bei der Umwandlung des Waldes spielte der Bevölkerungsdruck.« Neben dem Straßenbau trug das Verlegen der Ölleitungen zum Kahlschlag bei; für eine 15,24 Zentimeter dicke Ölleitung wird laut Studie ein fünf Meter breiter Waldstreifen abgeholzt.

Der Bau von Straßen und Kanälen treibt nicht nur den Kahlschlag voran, sondern führt auch zur Erosion des Bodens. Die Weltbank-Studie bestätigt den Vorwurf von *Greenpeace,* daß Shell mit einer Straßenbauweise, die auf Entwässerung und Abzugskanäle verzichtet, die Bedrohung durch Fluten im Niger-Delta erhöht; die Böden können so leichter ausgeschwemmt werden, und neben den Verbindungsstraßen sammelt sich in den vom Erdaushub verbliebenden Becken Wasser, das Moskitos und Ungeziefer anzieht.

»Schlechte Straßenbauweise ist eine grundsätzliche Ursache für Wassererosion«, notiert die Weltbank-Studie und beanstandet: »Ihre Konstruktion hat am meisten die Umweltzerstörung beschleunigt. Durch ihren Bedarf an Versorgungswegen haben die Ölgesellschaften in großem Maße Ackerland vernichtet.« Die Infrastrukturmaßnahmen zur Ölförderung schufen schwerwiegendere Umweltprobleme als die Verschmutzung durch Öl. Die Straßen der Ölgesellschaften blockieren Flußläufe, zerstören Wälder, führen zu Tümpeln und überfluten Felder. »Zum Beispiel hat die Shell-Straße bei Yenagoa auf der einen Seite einen Sumpf geschaffen und die andere Seite ausgetrocknet, was einen dramatischen Wandel der Vegetation verursachte.«

Shells Anzeige: Entwicklungsprojekte

»Tatsache ist, daß Shell und ihre Partner allein in diesem Jahr (1995; M. L.) über 100 Millionen US-Dollar für umweltbezogene Projekte ausgeben wird. Weitere 20 Millionen US-Dollar gehen in den Bau von Straßen, Kliniken und Schulen oder werden für Stipendien, Bewässerungsprogramme oder landwirtschaftliche Entwicklungsprojekte aufgewendet, um den Menschen in der Region gezielt zu helfen. Da Maßnahmen nur sinnvoll sind, wenn sie auf einer soliden Analyse der Situation aufbauen, wird außerdem mit 4,5 Millionen US-Dollar eine unabhängige Umweltstudie über das Niger-Delta gefördert.«

Shell verschweigt in der Anzeige, daß die 100 Millionen Dollar zum Austausch defekter Rohrleitungen und nicht für besondere Umweltschutzprojekte vorgesehen sind. 1997 sollen 510 Kilometer Rohrleitungen ersetzt werden, weil sie laut »The Ogoni Issue« teilweise älter als 15 Jahre, teilweise älter als 20 Jahre sind. Es handelt sich dabei um eine routinemäßige Auswechslung.

Während in der Anzeige von 20 Millionen Dollar weiterer Fördermittel die Rede ist, sprach Shell in einer Stellungnahme vom 31. Oktober 1995 von 25 Millionen Dollar. In dem Bericht »Shell East Community Assistence Projects: 1986–1993« wird dagegen die vom Konzern ausgegebene Summe auf 72 Millionen Naira beziffert, also auf rund sechs Millionen Dollar in acht Jahren; in »The

Ogoni Issue« war Shell von zwei Millionen Dollar für die Jahre 1987 bis 1992 ausgegangen; die Weltbank-Studie zitiert Shell, seit 1985 zwei Millionen Dollar für Gemeindeprojekte in Ogoni aufgewandt zu haben.

Es trifft zu, daß seit 1992 kommunale Projekte über einen Regierungsfonds mit drei Prozent aus den Öleinnahmen unterstützt werden sollen. Von 1982 bis 1992 mußten 1,5 Prozent abgeführt werden (zuvor waren es zwei Prozent), doch zeigte dieser Fonds laut Weltbank-Studie keine Wirkung. In einem Brief an die *Gesellschaft für bedrohte Völker* vom 8. August 1994 gesteht Shell zu, daß bis 1992 »nur wenig oder nichts von diesem Geld die beabsichtigten Empfänger erreichte«; in der Info-Broschüre »The Ogoni Issue« bestätigt Shell Nigeria, daß nur »wenig von dem Geld zu den Zielgemeinden gelangt«. Man hoffe nun, daß sich die 1992 gegründete *Oil Mineral Producing Areas Development Commission (Ompadec)* der »zahlreichen Aspekte der Entwicklung, einschließlich der Basis-Infrastruktur aus Wasser-, Strom- und Straßenversorgung«, annehme, weil man »Verständnis hat für die Meinung, daß in der Vergangenheit von den Öleinnahmen nicht genug an die Bewohner der Ölfördergebiete zurückgeflossen sei«. Die nigerianische Regierung schlug 1995 vor, den Anteil auf 13 Prozent zu erhöhen.

Die Weltbank-Studie kritisiert, daß sich *Ompadec* nicht der Erosionsprobleme im Niger-Delta annimmt; *Ompadec* achte nicht auf Umweltschutz, lasse es an langfristiger Planung fehlen, kümmere sich nicht um den Betrieb der Projekte und stehe kaum in Verbindung mit anderen Institutionen oder Gemeinden; das habe dazu geführt, daß ein Projekt doppelt geplant worden sei. Statt dessen ziehe *Ompadec* den Straßenbau vor – die Ölgesellschaften gäben am meisten Fördermittel hierfür aus, doch diene der »Straßenbau vor allem dem Nutzen der Ölgesellschaften«. Die meisten Gemeindeprojekte der Ölgesellschaften blieben wirkungslos oder würden erst gar nicht umgesetzt.

Shell will laut »Guardian« (4. Januar 1995) zwischen 1985 und 1992 zusammen 42 Projekte in Ogoni unterstützt haben – Straßen, Schulen, Krankenhäuser, Bewässerungsprogramme. Die *Ogoni Community London* hält dagegen: Die von Shell finanzierte drei Kilometer lange Baen Kpean Road ist wegen Schlaglöchern unbefahrbar; die von Shell für die *Community Secondary School* in K Dere gestiftete Einrichtung war nach zwei Monaten wegen morschen Holzes unbrauchbar; das von Shell in K Dere vorgegebene Wasserprojekt besteht nicht. Das New Yorker »Wall Street Journal« (6. Mai 1994) zitiert eine Krankenschwester aus Ogoni, deren Kollegen Shell baten, die Teerdecke auf einer Straße durch ein Ölfeld zu vergrößern, damit die Patienten während der Regenzeit nicht durch Matsch stapfen müßten; der zuständige Shell-Mitarbeiter wies diese Bitte mit der Begründung zurück, daß Shells Straßen für Shells Güterverkehr da seien.

Am Beispiel der Ughelli-Volksgruppe bilanziert Daniel A. Omoweh: »Erfahrungen in dem Gebiet haben gezeigt, daß selbst dann, wenn Shell diese Fördermittel bereitstellt, sie nur die Nutzung des Gemeindegebiets ermöglichen, wie es sich in der Konstruktion von Zufahrtsstraßen zeigt, die die verschiedenen Öl- und Gasfelder verbinden und nicht vorrangig den Empfängerkommunen helfen.« Zahlungen blieben in den Händen von Bürgermeistern, Behörden und Offizieren hängen, die Unruhen unterbinden sollen. Laut Weltbank-Studie zogen es die Ölgesellschaften vor, »mit offensichtlichen Führern wie örtlichen Chiefs oder politisch einflußreichen Personen zu verhandeln, statt sich darum zu bemühen, zu ermitteln, wer die Dörfer repräsentiert«.

Omoweh verurteilt überdies die Vernichtung der Kultur, weil religiöse Werte und traditionelle Gebote von den Ölgesellschaften mißachtet werden; so würden Schreine und heilige Stätten zerstört sowie Totemtiere vertrieben oder getötet. Rituale, die nachts in Abgeschiedenheit vollzogen werden müßten, könnten nicht oder nur unter großen Schwierigkeiten stattfinden, weil die Gasabfackelung das Gebiet rund um die Uhr taghell erleuchte. Dazu kommt laut Omoweh die Zerstörung der Naturmedizin, weil etliche der erforderlichen Pflanzen und Kräuter nicht mehr wachsen können. Ferner käme das Zusammenleben in der Dorfgemeinschaft auch wegen meist kurzzeitiger Beziehungen von Ölarbeitern zu Dorfbewohnerinnen aus dem Gleichgewicht; die Zahl vaterloser Kinder und auch die Häufigkeit von Vergewaltigungen habe zugenommen.

Was die im Februar 1995 von Shell initiierte Umweltstudie »Niger Delta Environmental Survey« (NDES) betrifft, hat Shell die Ausgaben in »The Ogoni Issue« mit zwei Millionen Dollar angegeben. Die Weltbank-Studie nennt als Kosten 3,5 Millionen Dollar. Umweltgruppen beanstanden, daß Ogoni-Vertreter ausgeschlossen bleiben und vorhandenes Informationsmaterial - etwa über die Belastung des Bodens mit Schwermetallen - nicht zur Auswertung einbezogen wird; die Themenstellung sei sehr allgemein, der Zeitraum mit zwei Jahren sehr lang bemessen.

Die Weltbank-Studie betont, daß die Ölkonzerne in Nigeria nur sehr selten Risikostudien in Auftrag geben. Die Qualität der Arbeit in den Umweltabteilungen sei »höchst unterschiedlich«, die Feldforschung meist auf zwei Wochen begrenzt, was »vollkommen unangemessen ist, um unter Berücksichtigung des Fehlens anderer Studien ein Gebiet zu verstehen«. Außerdem bemängelt die Weltbank-Studie eine ausbleibende Absprache mit Gemeinden über Planung und Durchführung von Tätigkeiten der Ölgesellschaften. Den Menschen im Niger-Delta werde wenig Aufmerksamkeit entgegengebracht. In dem Bericht »Tod im Niger-Delta« (Südwest 3, 18. Dezember 1995) heißt es über die von Shell veranlaßte Untersuchung zudem: »Die Studie wird geleitet von Vorsitzenden von Dunlop Nigeria, einer Gesellschaft, die Ölnebenprodukte für die Herstellung von Reifen braucht.«

Als Vertreter der *UN World Commission on Development and Culture* war der an Universitäten in Kanada, Kenia, Tansania und Nigeria lehrende Politologe Claude Ake Mitglied im unabhängigen *Steering Committee* zur »Niger Delta Environmental Survey« (NDES). Ake ist Mitglied der amerikanischen Akademie für Sozialwissenschaften und der Akademie für Wissenschaften in New York; in Nigeria leitet er das *Centre for Advanced Social*

Science (CASS). 1992 erhielt er den Nationalen Verdienstorden Nigerias, die renomierteste Auszeichnung des Landes.

Am 15. November 1995 nahm Ake von seiner Tätigkeit für die NDES Abstand, weil seiner Ansicht nach »die größeren Ölgesellschaften Shell, Elf und Mobil weder im Verhalten noch in der Praxis zu erkennen gaben, NDES als einen Schritt nach vorn zu betrachten. Eher war es so, daß es schwieriger wurde, je ausgearbeiteter die Tagesordnungen der NDES wurden. Ich hatte bereits ernste Zweifel, bevor die Auseinandersetzungen mit den Ogoni eine tragische Wende nahmen und zur Exekution von Ken Saro-Wiwa und seinen Mitarbeitern führten. Ich glaube nicht, daß die Ölindustrie, und besonders Shell, dessen rohe Vorgehensweise und Gleichgültigkeit die Auseinandersetzungen in erster Linie auf die Spitze trieben, genug taten, um die Lage zu entspannen. Ihre Reaktionen auf die Tragödie waren sogar noch unglücklicher. Sie haben tatsächlich jedem versichert, daß sich nichts geändert hat und nichts sich ändern wird. Ich kann nicht anders, als zu denken, daß selbst Schweigen besser gewesen wäre als eine solche gefühllose Kampfansage. Geht man nun von einer erhöhten Abneigung unter den ölfördernden Gemeinden aus, ist diese Haltung katastrophal für Nigeria und eine Selbstentblößung der Ölgesellschaften«.

Shells Anzeige: Sabotage

»Ein weiteres Problem ist Sabotage. Im Ogoni-Land, wo Shell seit Januar 1993 nicht mehr aktiv ist, waren über 60 Prozent aller Lecks in Pipelines auf Sabotageakte zurückzuführen – meist verbunden mit Forderungen nach Schadenersatz. Wollten Kontraktoren den Ursachen der Schäden nachgehen, wurde ihnen gewaltsam der Zutritt verweigert.«

Greenpeace zitiert dagegen Ake, der im Dokumentarfilm »The Drilling Fields« feststellt: »Niemand kann sagen, daß der Großteil der Umweltverschmutzung im Land der Ogoni durch Sabotage verursacht wurde«. Dem Bericht des nigerianischen Ölministeriums folgend, das 18 Prozent der Unfälle aller Art auf Sabotage zurückführt, beruht der Großteil der Pannen auf Korrosion, Bedienungsfehlern, Rohrbrüchen und Explosionen. Die Weltbank-Studie geht sogar davon aus, daß lediglich 14 Prozent der Unfälle auf Sabotage zurückgehen; *Greenpeace* errechnet daraus, daß nur drei Prozent aller Unfälle, bei denen Öl entweicht, von Sabotage herrühren.

In »The Ogoni Issue« gibt Shell den Anteil der Sabotage mit »ungefähr 25 Prozent« in den Jahren 1989 bis 1994 an. Gegenüber der »Badischen Zeitung« (14. Juni 1995) räumte Shell ein, daß die Ölförderanlagen in Nigeria marode sind: Seit 1989 kommt es im Jahr zu durchschnittlich mindestens 221 Rohrleitungsbrüchen. Zwischen 1976 und 1991 flossen nach offiziellen Angaben bei 2976 Lecks 2,1 Millionen Barrel Rohöl in die Erde, das sind jährlich rund 23 Millionen Liter und im ganzen 334 Millionen Liter oder 333863 Kubikmeter beziehungsweise 286494 Tonnen Rohöl (heutiger Grenzübergangswert: rund 57,3 Millionen Mark). Im Dezember 1995 gestand Shell zu: »Verunreinigungen durch Öl entstehen hauptsächlich als Folge von Korrosion und des Betriebs alternder Anlagen.«

Die Weltbank-Studie hält fest, daß sich die Ölverluste in den Neunzigern auf dem gleichen Stand der Jahre 1976 bis 1985 bewegen. Die Ölgesellschaften müssen als Entschädigung für einen Hektar verseuchtes Land 66 Mark bezahlen – gemessen am tatsächlichen Wert des Bodens ist ein 50facher Betrag angemessen. Nach Auskunft von Agip betragen die Kosten für Reinigung und Leitungsreparatur zwei Mark pro Barrel Rohöl (159 Liter).

Die Weltbank-Studie empfiehlt die Anwendung des Verursacherprinzips, demzufolge die Firmen auch »verpflichtet werden, alle oder wenigstens einen beträchtlichen Teil der sozialen Kosten ihrer Tätigkeiten zu begleichen«. Außerdem verurteilt die Weltbank-Studie, daß die Entschädigungen nicht immer den betroffenen Gemeinden oder Personen, sondern an andere Gemeinden oder an »einflußreiche Persönlichkeiten« gezahlt werden. Die Studie empfiehlt – auch zur Vorbeugung gegen Sabotage –, statt Entschädigungen Prämien für nicht zerstörte Anlagen zu zahlen.

Unzutreffend ist die Angabe, Shell sei in Ogoni seit Januar 1993 nicht mehr aktiv. Shell widerlegt

Ölverluste in Rivers State (1991–1994)

	alle Konzerne		davon Shell	
Jahr	Zahl	Barrels	Zahl	Barrels
1991	98	5 103	86	4 214
1992	223	21 480	143	1 390
1993	232	8 101	248	3 251
1994	k.A.	k.A	203	18 527

Quelle: Weltbank-Studie, 25. Mai 1995

sich bereits im Anzeigentext selbst mit der Bemerkung, daß Kontraktoren, also Vertragspartner, den Zugang zu der Region suchen. Wenngleich sich Shell aus dem Sperrgebiet in Ogoni zurückgezogen hat, dann nicht aus Ogoni allgemein. Lazarus Tamana, Vorsitzender der *Ogoni Community* in London, stellt in einem vom *Body Shop International* vertriebenen »Ogoni-Info« fest: »Shell operiert nach wie vor in Bodo-West und Ebubu-Eleme in West-Ogoni. Außerdem hat Shell in Ogoni-Land erneut Öl gefunden. Das beweist, daß sie dort aktiv sind.« Die nigerianische Zeitung »The Daily Times« (2. Oktober 1995) berichtete, daß Shell bei der nigerianischen Regierung die Genehmigung einer Ölpipeline beantragte sowie die Erneuerung der Erlaubnis, verschiedene Gebiete wieder nutzen zu können: Bomu, Yorla, Ebubu, die sich alle im Land der Ogoni befinden. Schon im Juli 1995 hatte der Shell-Subunternehmer Western Geophysical erneut mit der Erdölexploration in Ogoni begonnen.

Shells Anzeige: Gasverflüssigung

»Man legt Shell nahe, aus dem geplanten nigerianischen Projekt zur Verflüssigung von Erdgas auszusteigen. Das Scheitern dieses Projekts würde zweifellos Tausenden von Nigerianern schaden, die durch diese Anlage Beschäftigung fänden, darüber hinaus Zehntausenden, die davon in der Region profitieren würden. Leidtragende wäre aber auch die Umwelt. Die Anlage würde das derzeit unvermeidliche Abfackeln von Gas deutlich reduzieren. Als Bauzeit sind vier Jahre vorgesehen. Wirtschaftliche Erträge sind nicht vor Beginn des nächsten Jahrzehnts zu erwarten.«

In der Tat würde der Bau der Gasverflüssigungsanlage Arbeitsplätze schaffen. Zum Arbeitsplatz-Argument äußerte sich der ehemalige nigerianische Minister Bolaji Akinyemi gegenüber der Zeitung »Die Woche« (8. Dezember 1995) aber einschränkend, weil seines Erachtens die Einnahmen vom Erdölexport in die Privatkassen der Militärherrscher fließen und die normalen Leute nichts vom Ölreichtum haben. Ein Embargo träfe seiner Meinung nach unmittelbar die herrschende Clique, weil es ihr die Mittel zur Korruption entzöge. Zudem habe das oppositionelle *People Consultative Forum* festgehalten: »Unser Volk ist bereit, die Härten zu ertragen, die aus einem Ölboykott resultieren könnten, und betrachtet sie als Opfer für die Befreiung aus Unterdrückung und Tyrannei.«

Unzutreffend klingt die Angabe von Shell, daß wirtschaftliche Erträge nicht vor Beginn des nächsten Jahrzehnts zu erwarten seien; im »Munzinger-Archiv« heißt es: »In Bonny (Rivers State) entsteht für eine Investition von mindestens vier Milliarden US-Dollar eine Anlage zur Gasverflüssigung, die ab 1997 für die Exportproduktion bereitstehen soll.« Als erste Abnehmer des verflüssigten Gases nennt das französische Nachrichtenmagazin »jeune afrique« (30. November 1995) die französische EDF, die italienische Enel und die spanische Enagas, die ab 1999 mit dem Gas rechnen. Lediglich die Gewinn-Weitergabe in Form von »Ausschüttungen an Anteilseigner (soll) voraussichtlich nicht vor dem Jahre 2007« anfallen, heißt es in den Shell-Unterlagen »Die Erdölindustrie in Nigeria«.

Mit Blick auf den Umweltschutz beanstandet Phil Smith in einem Gutachten der britischen *Aquatic Environmental Consultants,* daß eine Risikoanalyse für die Gasverflüssigungsanlage und für die Pipeline von den Ölfeldern zur Küste nach Bonny sowie für die Schiffe zum Transport des verflüssigten, also auf minus 161 Grad Celsius abgekühlten Gases, fehlt. Die Weltbank-Studie hatte kritisiert, daß viele der Schiffe, die zwischen den Ölbohrtürmen verkehren, »in anderen Öl produzierenden Gegenden nicht als seetüchtig betrachtet würden«.

Außerdem wurden laut Smith »offensichtlich keine Daten erhoben, wieviel weniger Gas nach der Inbetriebnahme der Anlage abgefackelt wird«. Shell gibt an, Ende des Jahrzehnts bis zu 20 Prozent weniger Gas abfackeln zu wollen, im Jahr

2004 sollen es 35 Prozent weniger sein. In der Weltbank-Studie heißt es jedoch, daß in Nigeria der Gasverbrauch zwar steigen, nicht aber zu einer Verringerung der Abfackelung führen werde; nicht das bei der Ölproduktion geförderte Gas werde verflüssigt, sondern unabhängig davon gewonnenes Erdgas. Die in Bonny geplante Anlage werde weitgehend solches Gas verflüssigen, das nicht im Zusammenhang mit der Erdölförderung steht; auch eine von Mobil geplante Anlage wird getrennt gewonnenes Gas verflüssigen. »Es gibt keine Anzeichen, daß in absehbarer Zukunft die Praktiken der Gasabfackelung im Zuge der Ölförderung geändert werden«, bilanziert die Weltbank-Studie. In den Jahren 1991 bis 1994 wurden von Shell je produzierten Kubikmeter Erdöl durchschnittlich 272 Kubikmeter Erdgas abgefackelt.

Gasabfackelung in Hauptproduktionsländern

(Durchschnittswerte 1991 in Prozent)

Nigeria	76
Libyen	21
Saudi-Arabien	20
Iran	19
Mexiko	5
Großbritannien	4,3
Algerien	4
GUS	1,5
USA	0,6
Niederlande	0,0

Quelle: Escravos Staff Appraisal Report, 1993

Bisher werden drei Viertel des im Niger-Delta entströmenden Gases abgefackelt, das sind nach Shell-Angaben täglich rund 56,6 Millionen Kubikmeter, von denen die Hälfte aus Shell-Anlagen kommt. Wenngleich gemäß der Weltbank-Studie noch keine Erhebungen vorliegen, die den Klagen über Erkrankungen durch die Gasabfackelung nachgehen, so verweist die Studie doch auf nachteilige Auswirkungen auf »die unmittelbare Nachbarschaft der Flammen« und auf die Gefahr der Erwärmung des Erdklimas, da der in Nigeria niedrige Verbrennungsgrad von höchstens 80 Prozent (Europa: 95 Prozent) das Ausströmen von Methangas erleichtert, das wesentlich zum Treibhauseffekt beiträgt.

Schon 1979 hatte die damals demokratische nigerianische Regierung unter Shehu Shagari - sie war von 1979 bis 1983 im Amt - ein »Associated Gas Reinjection Decree« verabschiedet, das die Ölkonzerne dazu verpflichten sollte, ab 1984 das Erdgas abzuleiten oder in die Erde zurückzupumpen. Es gab sogar Pläne, eine Gaspipeline quer durch die Sahara zu den europäischen Abnehmern zu legen. Shell bemerkte im Dezember 1995, daß »der Erdgaspreis (in Nigeria) gemessen am Weltniveau sehr niedrig ist, weil die Preise per Gesetz künstlich niedrig gehalten werden«.

Weil sich Shell und die Regierung nicht über die Kosten des Dekrets einigen konnten, wurde es 1985 durch eine Strafgebühr ersetzt, deren geringe Höhe von einer Mark für 50 000 abgefackelte Kubikmeter Gas laut Weltbank-Studie »nicht geeignet war, die Ölgesellschaften zu bewegen, die Gasabfackelung zu mindern«. Shell: »Diese unglückliche Situation beginnt sich aber zu ändern. Zwei größere Preisanhebungen für Ölprodukte seit 1993 haben die Brennstoffpreise etwas näher an das Weltmarktniveau herangeführt. Dies sollte dazu beitragen, Gas etwas konkurrenzfähiger werden zu lassen.«

Das Nachrichtenmagazin »Focus« berichtete (27. November 1995) abschließend über Shells Anzeigenserie, daß sie zu einer »erneuten Verstimmung zwischen den Schwesterunternehmen Deutsche Shell AG und der Shell International Petroleum Company« geführt habe. Zwar stellte sich die Deutsche Shell offiziell hinter den in London verfaßten Anzeigentext, doch hätten die Hamburger den Text lediglich übersetzen sollen; inoffiziell sprächen deutsche Shell-Manager von einer PR-Katastrophe made in Britain.

Business as usual

Der Deutsche Bundestag forderte am 1. Dezember 1995 die Bundesregierung einstimmig dazu auf, schärfere Sanktionen gegen Nigerias Militärdiktatur zu erwirken; der Bundestag verlangte ein Importverbot für nigerianisches Erdöl und die Sperrung der Auslandskonten von Angehörigen des Regimes. Die Oppositionsparteien forderten die Regierung dazu auf, bei den Vereinten Nationen und in der Europäischen Union auf sofortige Sanktionen zu drängen.

Gegen die von Deutschland und Schweden vorgetragene Forderung eines Ölembargos legten aber Großbritannien und die Niederlande - also die Staaten, in denen Shell sowie BP und Philips zu Hause sind - Einspruch ein. Die USA (Amoco, Ashland, Mobil, Chevron, Texaco) schlossen ein Ölembargo frühzeitig aus - laut »International Herald Tribune« (4. April 1995) nehmen US-amerikanische Firmen rund 50 Prozent des exportierten nigerianischen Öls ab und decken damit zehn Prozent des Ölbedarfs der Vereinigten Staaten.

Agip und Elf verstanden es, das Augenmerk von sich zu lenken und auf Shell zu verweisen; Agip Deutschland bedauerte in einem Telefongespräch, über keinerlei Informationen zu verfügen, weil Agip Deutschland nicht mit dem Downstream-Geschäft befaßt sei, also dem Ölmarketing und Ölvertrieb. Elf verwies schriftlich an Shell.

Mitte November 1995 teilte Nigerias staatliche Ölgesellschaft NNPC mit, bei gemeinsamen Tiefseebohrungen mit den Erdölkonzernen Den Norske Stats Oljeselskap und BP ein neues großes Rohölfeld entdeckt zu haben.

Im Zusammenhang der Diskussion um ein Handelsembargo verweist Michael Birnbaum in der »Süddeutschen Zeitung« (25. November 1995) auf das - wenngleich seit 1993 geringfügige - Engagement deutscher Firmen in Nigeria. Birnbaum schreibt, daß deutsche Firmen in den Tagen, als die Todesurteile bestätigt wurden, mit einem eigenen Pavillon auf der internationalen Handelsmesse in Lagos vertreten waren: Anlagenbauer, Chemiekonzerne, Elektro-Riesen, Hersteller von Nutzfahrzeugen und Flugzeugen, Handelshäuser, Speditionen, Baufirmen, Kabel- und Röhrenhersteller oder Industrieversicherer.

Am Bau einer Aluminium-Fabrik im Niger-Delta, im Akwa-Ibom-Staat neben Ogoni, arbeiten derzeit deutsche Firmen mit. Die Fabrik soll mit Gas aus der projektierten Gasverflüssigungsanlage betrieben werden. Ferrostaal in Essen ist laut Birnbaum einer der Projektführer, »und wie es der Zufall nun einmal will, ist derzeit der Sohn von General Sani Abacha just bei dieser deutschen Firma in Essen zur Ausbildung«. Ferrostaal hat diese Angaben nicht dementiert.

Auch Konzerne wie Unilever (britisch-niederländisch), Nestlé (Schweiz), Paterson Zochonis (Großbritannien) und der französische Autohersteller Peugeot oder der Reifenhersteller Michelin beschäftigen laut »jeune afrique« (30. November 1995) zahlreiche Mitarbeiter in Nigeria.

Selbstkritik

Gerade zwei Beiträge waren im Sommer 1995 in der Zeitungsausschnittsammlung der Bibliotheken der Stadt Dortmund eingegangen: ein Bericht von Eckhard Breitinger, dem Herausgeber der »Bayreuth African Studies«, in der »Stuttgarter Zeitung« (25. Februar 1995) sowie Auszüge aus Ken Saro-Wiwas offenem Brief in den »Literatur-Nachrichten« (Juli 1995) der *Gesellschaft zur Förderung der Literatur aus Afrika, Asien und Lateinamerika* in Frankfurt am Main, die den Schriftsteller zu einer Diskussion mit einem Shell-Sprecher während der Buchmesse im Oktober 1995 eingeladen hatte. Shell hatte damals ausrichten lassen, man habe mit den politischen Ereignissen in Nigeria nichts zu tun. Manchmal erwähnte der »Spiegel« Umweltprobleme in Nigeria, und seit 1993 verwies die »Frankfurter Rundschau« gelegentlich auf die Situation der Ogoni. Die »tageszeitung« veröffentlichte Notizen über die Haft Saro-Wiwas.

Makabrerweise widerlegt das den in der Shell-Anzeige geäußerten Vorwurf, daß internationale Protestbewegungen das nigerianische Regime unter Druck gesetzt hätten. Ulrich Delius von der *Gesellschaft für bedrohte Völker* zieht in der »Frankfurter Rundschau« (5. Dezember 1995) die nüchterne Bilanz: »Eine breite Protestbewegung ist noch nicht entstanden.«

Bei der Gedenkveranstaltung für die neun hingerichteten nigerianischen Bürgerrechtler sagte der Vorsteher des Börsenvereins des Deutschen Buchhandels, Gerhard Kurtze, am 17. November in Bonn: »Viele hätten es nicht für möglich gehalten, daß sich im Jahre 1995 eine Militärdiktatur so ungerührt über die Proteste von Regierungen, Menschenrechtsorganisationen, Nobelpreisträgern und anderen Autoren, Verlegern und Buchhändlern hinwegsetzen kann.« Im »Börsenblatt für den Deutschen Buchhandel« (24. November 1995) fragte Eva Pfister nach den Ursachen der Ohnmacht des Protests. Kurtze nannte das mangelnde Interesse des Kulturbetriebs an der Literatur Afrikas; keines der Bücher Ken Saro-Wiwas sei ins Deutsche übersetzt. Kurtze appellierte an die Europäische Kommission, die Förderung für Übersetzungen aus kleinen Literaturen nicht nur europäischen Staaten zugute kommen zu lassen; er rief die deutschen Medien dazu auf, eine freiwillige Quote für Nachrichten aus der Südhalbkugel der Erde aufzustellen - bei fünf Prozent.

Mehrere Menschenrechtsorganisationen haben ein Netzwerk für Demokratie in Nigeria gebildet, um auf Menschenrechtsverletzungen durch die Militärjunta aufmerksam zu machen, sich im Sinne Ken Saro-Wiwas für die Ogoni einzusetzen und die Rückkehr Nigerias zur Demokratie zu unterstützen. Zu den Netzwerk-Mitgliedern zählen die *Gesellschaft für bedrohte Völker, Reporter ohne Grenzen, Human Rights Watch* und die deutschen Sektionen der nigerianischen *Civil Liberties Organization, Campaign for Democracy, Civil Liberties Watch* und *Movement for a Democratic Nigeria;* den Kontakt koordiniert *The Body Shop Deutschland.*

Die *Ogoni Community* in London gab Ende November 1995 bekannt, daß ein nigerianisches Sondergericht im Januar 1996 gegen 19 weitere Ogoni Anklage erhebt; es handelt sich um Bariture Bano Lebee, John Banatu, Babina Vizor, Pobgbara Zorzor, Friday Gburuma, Yedal Naasikpo, Paul Deekor, Elijah Lekie Badom, Blessing Israel, Taagalo K. Monsi, Kagbara Basseh, Adam Kaa, Sampson Ntignee, Godwin Gbodoo, Samuel Asigha, Nwinbari Papa, Benjamin Kabari (alias Monday Kabari), Baribuma Kumanwe, Ngbaa Baovi.

Außerdem wurde die Militärpräsenz in Ogoni ebenso verstärkt wie die anhaltende Suche nach Mitgliedern der *Mosop*. Dabei wurden auch 60 Bischöfe und Pastoren verhaftet, rund 1000 Bibeln vernichtet, Gottesdienste untersagt; außerdem wurden mehrere Lehrer vorübergehend festgenommen.

In Haft sind zudem 14 Militärangehörige, die wegen ihrer vermeintlichen Beteiligung an einem behaupteten, am 1. März 1995 angeblich aufgedeckten Putschversuch zum Tode verurteilt worden waren; ihre Strafen sind in eine jeweils 25jährige Haft umgewandelt worden. Die Namen zuvor erschossener Unteroffiziere »trug man in die Listen der nigerianischen Friedenstruppen, die in Liberia und anderen Krisenherden der Erde eingesetzt sind, sowie in die Rubriken ›im Kampf gefallen‹ und ›vermißt‹ ein«, erläutert der Schriftsteller Wole Soyinka in seinem Beitrag für die Sonderausgabe »Arche Afrika« der Schweizer Kulturzeitschrift »du« (Doppelheft Dezember 1995/Januar 1996).

Der Totentanz des Generals

Es gibt nur eine Frage, die wir uns stellen müssen: Weshalb die überstürzte Hinrichtung von Ken Saro-Wiwa und seinen Mitstreitern? Diese Frage birgt den Schlüssel zum Verständnis des finstersten Augenblicks in der Geschichte unseres Daseins. Mit ihr läßt sich erklären, warum sich die Nacht über Nigeria gesenkt hat.

Hunderte von Verurteilten sitzen in den Todeszellen unserer Gefängnisse, einige von ihnen warten seit 10, ja seit 20 Jahren auf die Begegnung mit ihrem Schicksal. Manche sind gewalttätige Räuber, kaltblütige Mörder. Etliche sind gewohnheitsmäßige Sadisten, dumpfe Metzger, die religiöse oder ethnische Unruhen nutzten, um ihrem perversen Handwerk nachzugehen. Sie sind immer noch in Haft - Jahre, nachdem sie ihre Opfer niedermachten und Straßen, Märkte und vor allem religiöse Stätten in Schlachtbänke verwandelten. Sie wurden rechtmäßig verurteilt, aber sie werden in unseren Gefängniszellen am Leben gehalten und warten auf ihre Rettung durch staatliche Gnadenakte.

Was also hat den Diktator Sani Abacha dazu getrieben, sich zum Strafrichter zu machen, ein eigenes Tribunal einzusetzen und dann jener letzten Appellationsinstanz vorzustehen, die Ken Saro-Wiwa und seine Gefährten nicht schnell genug an den Galgen bringen konnte? Seit wann hat Hast der Gerechtigkeit gedient, besonders, wenn es um ein Urteil geht, das nicht rückgängig zu machen ist?

Wenn wir eine Antwort auf diese zentrale Frage suchen, sollten wir zurückdenken an die ethnischen Konflikte, an die Eskalation gegenseitiger Zerstörung, die seit Abachas Machtübernahme vor zwei Jahren das Leben der Menschen im Niger-Delta geprägt hat. Wir müssen uns an die Behandlung der Obrika, der Andoni und der Ogoni durch Abachas Soldaten erinnern, an die Verwüstung von Dörfern und Äckern, an Entführungen und Morde, die so aussahen, als seien sie die Folgen von eigentlich unbedeutenden Grenzstreitigkeiten zwischen den Stämmen. Aber sie setzten eine böse Spirale von Blutvergießen und Racheakten unter traditionell friedlichen Nachbarn in Gang.

Denken wir nur zurück an das anschaulichste Beispiel: die Beschießung eines Bootes mit Maschinengewehren im Jahr 1994, eine planmäßig ausgeführte Militäraktion, bei der Dutzende von unschuldigen Männern, Frauen und Kindern starben, darunter bekannte Bürger des Ogoni-Volkes. Zuerst wurde diese Greueltat den Okrika angelastet, bis einige der wenigen Überlebenden die wahren Verbrecher entlarvten: die Militärs.

Der Zweck von Abachas blutiger Provokation war klar. Er wollte verhindern, daß die Opfer der Ölkonzerne eine vereinigte Front bildeten, um gemeinsam ihre Forderungen durchzusetzen: Entschädigung für ihren vergifteten Boden und einen fairen Anteil an den Schätzen ihres Landes. Zudem wollten die Delta-Bewohner über ihre eigene Entwicklung mitbestimmen.

Die Ogoni standen an der Spitze dieser Bewegung. Und sie wahrten ihre solidarische Geschlossenheit - bis vor einiger Zeit. Da verursachten die gleichen Kräfte Risse in ihrer Einheit, die zuvor die friedliche Koexistenz der verschiedenen Delta-Gemeinden zerstört hatten, indem sie sie gegeneinander aufhetzten.

Der nächste Akt sollte das Schicksal der Ogoni besiegeln, denn sie hatten die unerhörte Kühnheit besessen, die Revolte im Delta gegen die Ölgesellschaften anzuführen. Vier prominente Söhne der Ogoni wurden brutal erschlagen, was zu einer tiefen Spaltung in ihrer Bürgerbewegung *Mosop* führte.

Ernsthafte Bemühungen, diesen Bruch zu heilen, hatten begonnen - mit begrenztem, aber doch gutem Erfolg. Ich weiß das aus erster Hand, weil ich von beiden Seiten angesprochen worden bin: von den Angehörigen der Mordopfer und von den Friedensvermittlern. Das konnte nur funktionieren, weil der Verdacht sich erhärtete, daß die Blutschuld außerhalb der Ogoni-Gemeinschaft lag, daß letztlich die Ermordung der vier Ogoni-Führer von einem gemeinsamen Feind organisiert worden war: allgegenwärtigen *Agents provocateurs* im Dienste der Abacha-Diktatur.

Für das Regime gab es nur einen Weg, den Heilungsprozeß innerhalb des *Mosop* zu vereiteln: Es mußte alle Bemühungen zur Entlarvung der wahren Verbrecher zerschlagen und den Bruch unwiederbringlich ausweiten.

Ken Saro-Wiwas Schicksal war deshalb früh besiegelt. Die Entscheidung, ihn und seine acht Mitstreiter hinzurichten, wurde schon getroffen, bevor das Sondergericht tagte und ein Urteil verkündete, das in Wahrheit unabhängig von dieser ganzen Justizposse gefällt worden war. Daß Abachas Provisorischer Regierungsrat zusammentrat, um das Urteil nochmals zu überdenken, war nichts als eine makabre Täuschung, eine Weiterführung des Zynismus, der das Gerichtsverfahren von Anfang an geprägt hat.

Wie die Welt jetzt weiß, werden Todesurteile sofort nach dieser »Ratifizierungssitzung« des Militärrats vollstreckt. Deshalb das Gefühl von Dringlichkeit, ja Panik, mit dem wir unser Anliegen beim Commonwealth-Gipfel in Auckland von jenem Augenblick an vortrugen, als wir erfuhren, daß Abacha seine uniformierten Marionetten zusammengerufen hatte, um seinen Totentanz aufzuführen.

Eine zum Himmel schreiende, reulose Mißachtung zivilisierter Normen, eine atavistische Psyche - das hat dieses Regime von Anfang an gekennzeichnet, deshalb kam seine Entscheidung eigentlich nicht überraschend. Wir haben gewarnt und gebettelt. Jetzt zahlen wir wieder einmal einen hohen Preis dafür, daß das Weltgewissen im Koma lag.

Ist dieses Gewissen nun endlich aufgewacht? Trotz der verspäteten Empörung scheint es, als würden das wirkliche Problem und seine Lösung immer noch umgangen. Weshalb lassen die Regierungschefs des Commonwealth Abacha zwei volle Jahre Zeit, um die Demokratie in Nigeria »wiederherzustellen«? Nigeria hat einen gewählten zivilen Präsidenten, der von Abacha im Kerker festgehalten wird: Basorum M. K. O. Abiola. Eine Lösung der nigerianischen Krise erfordert seine sofortige Freilassung, damit er einer Regierung der nationalen Einheit vorstehen und das Land auf einen demokratischen Weg führen kann.

Die Greuel, die über die Nigerianer hereingebrochen sind, der totale Zusammenbruch der staatsbürgerlichen Gemeinschaft – alles hat hier seinen Ursprung: Die Nigerianer sind am 12. Juni 1993 zu den Urnen gegangen und haben ihren Präsidenten gewählt, aber eine Kabale der Militärs machte diesen Prozeß null und nichtig.

Es wird Zeit, daß man aufhört, wie eine Katze um den heißen Brei zu schleichen, denn es gibt einen Weg, der Prinzipien und Pragmatismus verbindet. Ja, Dornen säumen ihn, und hier und da liegen ein paar Steine. Aber was wäre die Alternative? Zwei weitere Jahre unter Abacha? Kann jemand mit gesundem Menschenverstand glauben, daß Nigeria zwei weitere Jahre nationaler Ausblutung überleben wird?

Die Commonwealth-Führer sollten noch einmal nachdenken und unser Land aus dem Teufelskreis von Mord, Folter und Führerwahnsinn retten, der mit Sicherheit den Zerfall einer einstmals stolzen Nation herbeiführen wird.

Wole Soyinka

»Nichteinmischung in innere Angelegenheiten«

Ein leichtes Einlenken der nigerianischen Regierung wertete die Deutsche Presseagentur (7. Dezember 1995) als Folge einer Vereinbarung der Europäischen Union vom 4. Dezember, einen Sportboykott und Visabeschränkungen über Nigeria zu verhängen und neben den Botschaftern auch die Militärattachés abzuberufen sowie die nigerianischen Offiziere an den Botschaften auszuweisen. Nigerianische Fußballspieler in europäischen Vereinen bleiben von dem Sportboykott unberührt. Ein von Deutschland und Schweden unterstützter Boykott nigerianischer Ölausfuhren sowie das Einfrieren nigerianischer Guthaben in der Europäischen Union fand erneut keine ausreichende Unterstützung.

General Abacha bildete - wie schon des öfteren vor annulierten oder abgebrochenen Präsidentschaftswahlen - drei Gremien, die zur Wiederherstellung der Demokratie beitragen sollen: eine Wahlkommission, ein Komitee zur Überwachung des Übergangs zur Demokratie und einen Ausschuß für die Schaffung neuer Bundesstaaten. Zugleich betonte der nigerianische Regierungssprecher David Attah gegenüber der BBC, diese Beschlüsse hätten nichts mit den internationalen Reaktionen zu tun und seien Teil des Zeitplans, zur

Demokratie zurückzukehren. Die Regierung lasse sich von niemandem drängen.

Eine Kundgebung von mehreren tausend Menschen in der südwestnigerianischen Stadt Ife verlief am 5. Dezember 1995 ohne Eingriffe von seiten der Polizei. Die Veranstalter aus den Reihen der Gruppe »Nationales Gewissen« (NC) forderten »Demokratie jetzt«, »Nein zur Militärdiktatur« und »Nieder mit den Mördern von Ken Saro-Wiwa«. Die Menschenrechtsgruppen verlangten die Freilassung aller politischen Gefangenen - auch die des mutmaßlichen Präsidentschaftswahlsiegers Abiola. 450 in der *Nationalen Demokratischen Koalition (Nadeco)* organisierte Oppositionspolitiker lehnten das Übergangsprogramm Abachas ab und pochten auf die Wiederherstellung der Demokratie bis zur zweiten Jahreshälfte 1996; sie bildeten ein 19köpfiges Komitee, das sich um Verhandlungen mit der Regierung bemühen soll. Als Vertreter von Parteien und Menschenrechtsorganisationen sind - oft nach mehrmaligen vorangegangenen Festnahmen - immer noch in Haft: Beko Ransome-Kuti und Mallam Shehu Sani von der *Campaign for Democracy;* ihre Haftstrafe war von lebenslänglich auf 15 Jahre verkürzt worden. Drei weitere Oppositionspolitiker werden in Haft vermutet.

Währenddessen erhielt das Militärregime diplomatische Unterstützung von der Organisation Afrikanischer Einheit (OAU). Deren Generalsekretär Salim Ahmed Salim sagte gegenüber der BBC, er sei gegen die »internationale Kampagne, Nigeria zu isolieren«; er sei überzeugt, daß es die nigerianische Regierung mit der versprochenen

Rückkehr zur Demokratie ernst meine. Nach einer dreistündigen Unterredung mit Abacha lehnte Salim Wirtschaftssanktionen gegen Nigeria ab. Die Nachrichtenagentur Associated Press zitierte Salim mit den Worten: »Wir würden gerne eine stärkere Respektierung der Menschenrechte nicht nur in Nigeria, sondern in den meisten unserer Mitgliedstaaten sehen. Aber wir wollen nichts tun, was zu einer Destabilisierung Nigerias beitragen könnte.« Man müsse das Land aus afrikanischem Blickwinkel betrachten, »um besser verstehen zu können, was in Nigeria vor sich geht, um die Komplexität der nigerianischen Gesellschaft zu begreifen«.

Nelson Mandela hatte dagegen ein weltweites Ölembargo gefordert, während sich Butros Butros Ghali, der Generalsekretär der Vereinten Nationen, beim Gipfeltreffen der französischsprachigen Länder der Welt in Benin gegen Druck auf Nigeria aussprach; Nigeria dürfe in Westafrika nicht isoliert werden, weil es das Rückgrat der westafrikanischen Friedenstruppe Ecomog in Liberia bilde. In seiner Abschlußerklärung forderte der Frankophonie-Gipfel – nach der Ablehung eines »zu aggressiven« Textes – Nigeria ohne ausdrückliche Resolution dazu auf, ein demokratisches System zu schaffen und die Menschenrechte wiederherzustellen.

Die zwölf Mitgliedstaaten der *Entwicklungsgemeinschaft für das Südliche Afrika (SADC)* kamen auf Antrag Botswanas in Pretoria zu einem Sondergipfel zusammen, um unter anderem über Reaktionen auf die Hinrichtungen zu beraten; noch vor Beginn der Sitzungen wurde das Thema Nigeria trotz Mandelas Einspruch und trotz der Bedenken Robert Mugabes (Simbabwe) und Sam Nujomas (Namibia) von der Tagesordnung gestrichen – vor der Verhängung von Strafmaßnahmen solle der Bericht des Commonwealth-Ausschusses abgewartet werden, wie die Rückkehr Nigerias zu einer Zivilregierung und die Achtung der Menschenrechte durchgesetzt werden könnten. Der Commonwealth will eine Delegation nach Nigeria schicken und Gespräche mit Nigerias Militärregierung führen.

Die USA bestätigten ihre Ablehnung eines Embargos mit der Begründung, es störe den Ölhandel und führe zu einer Erhöhung des Ölpreises. Während die Menschenrechtskommission und die Vollversammlung der Vereinten Nationen sowie die OAU-Menschenrechtsvereinigung die Hinrichtungen verurteilten und die Freilassung sämtlicher politischer Gefangener sowie die Freiheit der Presse und die Berücksichtigung von Minderheitsrechten forderten, scheiterte im Weltsicherheitsrat das Bemühen um eine Verurteilung des nigerianischen Militärregimes aus Gründen der Nichteinmischung in die inneren Angelegenheiten der Mitgliedsstaaten; von den Hinrichtungen sei keine »Bedrohung des Friedens« ausgegangen.

Derlei diplomatischen Spielraum nutzte das nigerianische Militär, um gegen Regimekritiker vorzugehen. Während einerseits die Bildung der drei Gremien bekannt gemacht wurde, drangen Soldaten und Geheimpolizisten in das bei Lagos gelegende Haus Wole Soyinkas ein und verwüsteten es. Laut Augenzeugenberichten brachen die Sicherheitskräfte mehrere Türen auf; Dokumente und persönliche Gegenstände des Schriftstellers wurden auf dem Boden verstreut. Soyinka hatte sich Anfang 1995 ins Ausland abgesetzt, als er vor einer Festnahme gewarnt wurde.

Die Polizei vertrieb Trauernde vom Grab der neun exekutierten Ogoni, und die Lehrer in Ogoni wurden aufgefordert, mit den Schülern nicht über Saro-Wiwa zu sprechen.

Die weltweit tätige Organisation *Reporter ohne Grenzen (Reporters sans Frontières)* nahm die Situation in Nigeria zum Anlaß, die seit 4. Juni 1995 inhaftierte Chefredakteurin Christine Anyanwu mit dem Menschenrechtspreis 1995 auszuzeichnen – sie war wie der »The News«-Redakteur Bayo Onanuga bereits zwischen 15. und 23. März festgehalten worden; in der Zeitschrift »The Sunday Magazine« hatte Anyanwu im März 1995 den Bericht einer Redakteurin veröffentlicht, der die Namen von 19 Personen nannte, die als mutmaßliche »Verschwörer« wegen des angeblichen Putschversuchs am 1. März verhaftet worden waren. Die Autorin belegte in einem Fall, daß kein belastendes Beweismaterial vorlag. Die 45jährige Anyanwu, eine Mutter zweier Kinder, war Anfang Juli mit drei weiteren Journalisten von einem Sondergericht zu lebenslänglicher Haft verurteilt worden, weil sie »Angst und Panik hervorgerufen« und »die öffentliche Ordnung gestört« habe; das Strafmaß war am 1. Oktober 1995 in eine Haftstrafe von 15 Jahren umgewandelt worden.

Anyanwu ist eine in den USA ausgebildete und weltweit preisgekrönte Journalistin; für ihre Arbeit erhielt sie den Preis des Verbandes nigerianischer Journalistinnen (NNAWJ), den Garnet-

Preis der Ford-Stiftung und den »Preis des Mutes« der in den USA ansässigen internationalen Stiftung für Frauenmedien.

Die weiteren inhaftierten Journalisten, deren Verurteilung zu einer lebenslänglichen ebenfalls in eine 15jährige Haftstrafe umgewandelt wurde, heißen: Kunle Ajibade, »The News«, der wegen eines Nierenleidens bereits einmal zusammenbrach; George Mbah, »Tell«, der wegen einer Nervenerkrankung regelmäßige ärztliche Betreuung braucht; Ben Charles Obi, »Weekend Classique«, der mittlerweile an Malaria leidet. Ajibade und Mbah soll nach Angaben gegenüber *amnesty international* die Freilassung angeboten worden sein, falls sie sich bereit erklärten, ihre jeweiligen Chefredakteure zu ersetzen beziehungsweise gegen sie auszusagen.

Die vorübergehende Festnahme von kritischen Journalisten ist in Nigeria an der Tagesordnung; so berichten Osa Director (»Tell«), Sesan Ekisola (Radio »Ray Power«), Lekan Olufodurin und Babafemi Ojudu (beide »AM News«), zeitweilig inhaftiert worden zu sein. Im Januar 1996 war auch Paul Adams, der Korrespondent der britischen »Financial Times«, eine Woche festgehalten worden, weil er angeblich ohne Erlaubnis Ogoni besucht hatte.

Stachel im Fleisch der Generäle

Im Laufe einer Woche schläft der Nigerianer Seye Kehinde in drei verschiedenen Häusern, er übergibt Dokumente an geheimen Orten und verkleidet sich, um Kollegen zu treffen. Er arbeitet jedoch nicht für den Geheimdienst. Er ist Redakteur.

»Es ist schwer, in Nigeria Journalist zu sein«, sagt der 30jährige Kehinde, der in den vergangenen zwei Jahren zweimal festgenommen wurde. Kehinde gibt die Wochenzeitung »Tempo« heraus und übernahm die Leitung der Wochenzeitschrift »The News«, nachdem sein Vorgänger dort, Kunle Ajibade, wegen »Anstiftung zu öffentlichem Unmut« zu lebenslangem Gefängnis verurteilt wurde.

Im Oktober 1995 verkündete Nigerias Militärherrscher General Sani Abacha die Wiederzulassung eines Großteils von etwa 20 Publikationen, die er 1994 verboten hatte. Die Medien seien »frei, ihre Meinung zu äußern«, sagte Abacha. Aber der Regierung gehören alle Radio- und Fernsehsender.

Eddie Iroh, ein bekannter ehemaliger Herausgeber, sympathisiert mit Bemühungen, »unverantwortliche Journalisten« zum Schweigen zu bringen. »Sie suchen Schlagzeilen, nicht die Wahrheit«, sagt er. Aber er gibt zu, daß auch wahrheitsbewußte Journalisten nicht frei arbeiten können.

»Es geht nicht darum, ob eine Geschichte stimmt oder nicht. Es geht um die nationale Sicherheit. Im Grunde geht ein Journalist das größere Risiko ein, wenn seine Geschichte wahr ist.«

Seit seiner Machtergreifung 1993 hat Abacha das Parlament geschlossen, politische Parteien verboten und Berufungsmöglichkeiten gegen Urteile von Militärtribunalen abgeschafft. Aber die unabhängige Presse lebt. Das Halbdutzend regimekritischer Zeitungen und Zeitschriften bildet die derzeit vitalste Opposition zur nigerianischen Militärjunta.

»Manchmal fragen wir uns selber, wie wir das machen«, sagt Nosa Igiebor, Herausgeber der Wochenzeitschrift »Tell«. Der 42jährige Igiebor hat sein Büro seit April 1995 nicht mehr betreten: Damals tauchte jeden Morgen die Polizei auf. Igiebor entkam rechtzeitig, aber ein anderer »Tell«-Redakteur, George Mbah, wurde festgenommen und zu lebenslanger Haft verurteilt. »Wir arbeiten jetzt mobil«, erklärt Igiebor. »Wir treffen uns immer woanders. Manchmal redigiere ich im Auto.« Auf eine Schließung des Blattes ist Igiebor vorbereitet: Er ist Mitbegründer der neuen Zeitschrift »Dateline«. »Wir haben viele Titel registriert«, sagt deren Chef Ayodele Akinkuoto. »Wenn einer verboten wird, drucken wir einfach einen anderen.«

Nigeria hat eine lange Tradition freier Medien. Da das Regime die Presse nicht abschaffen kann, versucht es, sie zu kaufen. Ein Journalist erzählt, man habe ihm Geld, Autos und Auslandsreisen angeboten, wenn er seine Berichterstattung mildere. Femi Kusa, Chefredakteur der lange Zeit respektiertesten Tageszeitung Nigerias, »The Guardian«, hat ähnliche Erfahrungen hinter sich. Im August 1994 war die Zeitung verboten worden; im Juli 1995 lud Abacha ihre Direktoren zu einem Treffen ein. Danach wurde das Verbot wieder aufgehoben. »Es gab keine Gegenleistung«, beharrt Kusa. Aber drei hochrangige Redakteure verließen aus Protest das Blatt.

Seye Kehinde muß dauernd mit seiner Verhaftung rechnen. An einer Straßensperre verlangten Polizisten von ihm kürzlich 200 US-Dollar - sonst würden sie ihn wegen Besitzes »aufrührerischen Materials« festnehmen. »Ich gab ihnen alles, was ich hatte, und dann mußte ich Geld suchen«, erinnert er sich. »Drei oder vier Stunden klapperte ich meine Freunde ab, mit allen vier Polizisten mit mir im Auto.« Aber Kehinde will nicht aufgeben. »Wir drucken, bis der letzte verhaftet wird«, sagt er. »Wir haben keine Wahl.«

Bob Drogin

»Verschwörung« gegen Nigeria

In einer Anzeigenserie in britischen Zeitungen und Zeitschriften (6. Dezember 1995) verteidigte die nigerianische Regierung die Hinrichtung Ken Saro-Wiwas und verurteilte die internationalen Proteste als »giftige Erregtheiten«. Saro-Wiwa sei rechtmäßig wegen Mordes zum Tode verurteilt worden; seine Hinrichtung sei »ordentlich und verdient«. Der Minister für Ölvorkommen, Dan Etete, warf Saro-Wiwa vor, mit einer »Privatarmee« ein »teuflisches Programm der Indoktrination und Gehirnwäsche« verfolgt zu haben. Laut Abacha war es Pflicht seiner Regierung, »Leben und Eigentum der Bürger zu schützen«.

Das Nachrichtenmagazin »West Africa« (4. Dezember 1995) beschrieb die Position des Abacha-Stellvertreters Lieutenant-General Oladipo Diya bei einer Pressekonferenz in Abuja so: Die internationale Gemeinschaft müsse ihre Haltung gegenüber Nigeria ändern, weil die neun Ogoni-Vertreter nicht wegen ihres Einsatzes für die Umwelt oder die Menschenrechte hingerichtet wurden, sondern wegen mehrfachen Mordes; das habe ein rechtmäßig gebildetes Gericht bestimmt. Die Aussetzung der Mitgliedschaft Nigerias im Commonwealth sei Ergebnis einer »Verschwörung«; diese »Verschwörung war offensichtlich, seit voreingenommene Berichte über Ereignisse in Nigeria in einflußreichen Medien erschienen, die über einen beträchtlichen Zeitraum nachhaltig versuchten, Nigeria in das schlechteste Licht zu rücken; und die Welt bezog sich unglücklicherweise während der ganzen Zeit auf falsche oder grob verdrehte Berichte über unser Land.« Die Kampagne westlicher Staaten für Sanktionen gegen Nigeria zeuge von übler Gesinnung, da Nigeria nichts unternommen hätte, um die Rechte seiner Bürger zu ersticken.

Zusammen mit Shell, Elf und Agip unterzeichnete Nigerias staatliche Ölgesellschaft NNPC am 16. Dezember 1995 den Vertrag zum Bau der Gasverflüssigungsanlage; das finanzielle Volumen des *Nigeria Liquified Gas Project (NLNG)* wurde mit 4,5 Milliarden Dollar, also rund 6,8 Milliarden Mark angegeben. Eine für den 19. Dezember 1995 in Lagos geplante und von der *Nationalen Demokratischen Koalition (Nadeco)* organisierte Demonstration wurde verboten - aus »Sicherheitsgründen«, wie Polizeichef James Danbaba sagte; diese Organisation sei keine registrierte Vereinigung und könne daher nicht als Veranstalterin auftreten. Verstärkte Polizeipatrouillen hielten am Tag der geplanten Demonstration den Busbahnhof Yaba nahe dem Versammlungsort besetzt; dennoch kam es verstreut zu Protesten von zusammen zirka 3 000 Menschen, die auf Plakaten »Demokratie jetzt« forderten. Die Polizei setzte Tränengas ein.

Fünf Mitglieder der *Kampagne für Demokratie (CD)* wurden festgenommen, darunter der CD-Vorsitzende Frederic Fasheun; fünf Oppositionelle wurden freigelassen, unter ihnen die Abiola-Mitarbeiter Fred Eno und Ademola Adeniji-Adele, der 17 Monate ohne Prozeß inhaftiert war.

General Abacha erteilte den Forderungen nach einer Anerkennung der annulierten Wahl von 1993 eine Absage, als er die 13 Mitglieder eines *Nationalen Versöhnungsrats,* der die Rückkehr des Landes zur Demokratie vorbereiten soll, mit den Worten vereidigte: »Es kommt eine Zeit im Leben einer Nation, in der gewisse Ereignisse zugunsten eines größeren Interesses übersehen werden müssen. Laßt uns vergangene Bitterkeiten hinter uns lassen und gemeinsam hoffnungsvoll in die nationale Einheit marschieren.«

Mit der gefährdeten Sicherheit seiner Spieler begründete der nigerianische Fußballbund seine Entscheidung, nicht an den Spielen um den Afrika-Cup 1996 teilzunehmen; es müsse von Anschlägen auf das nigerianische Team ausgegangen werden. Währenddessen wurde von unbekannten Tätern das Verlagsgebäude der Tageszeitung »AM News« und des Wochenmagazins »Tempo« in Brand gesetzt; beide Presseorgane sind regimekritisch. Die Wohnungen von zwei leitenden »Tell«-Redakteuren wurden durchsucht, eine Ausgabe der Zeitschrift wegen eines kritischen Berichts über Abacha beschlagnahmt. Zuvor war das Gebäude der Tageszeitung »The Guardian« von Unbekannten mit Maschinenpistolen beschossen und angezündet worden; es brannte zur Hälfte nieder.

Ken Saro-Wiwa schrieb fünf Tage vor seiner letzten Verhaftung in »A Month and a Day«: »Der Völkermord an den Ogoni hat eine neue Dimension erreicht. Seinen Stil werde ich in meinem nächsten Buch beschreiben, wenn ich es noch erleben sollte, davon erzählen zu können.«

In memoriam Ken Saro-Wiwa (1941–1995)

Dayton, Ohio, ist nicht nur der historische Tagungsort der bosnischen Friedenskonferenz, sondern es steht für mich, den damaligen deutschen Austauschstudenten an der katholischen University of Dayton im Studienjahr 1951/52, auch als der Geburtsort des schwarzen Dichters Paul Laurence Dunbar (1873–1906) da – und damit der ganzen afro-amerikanischen Literatur: eines Richard Wright, James Baldwin, Ralph Ellison, die meine bevorzugten Autoren wurden, und eines J. Saunders Redding (»To Make a Poet Black«), Samuel Allen (alias Paul Vesey), J. L. R. James (»The Black Jacobins«), Lorenzo Turner und Langston Hughes, die ich meist bei ihren jeweiligen Besuchen an meiner ersten afrikanischen Universität persönlich kennenlernte; 1960, bei meiner Ankunft in Nigeria, hieß sie noch University College Ibadan. Ibadan – wo ich bereits 1960 Wole Soyinka, Ulli Beier und Janheinz Jahn zum erstenmal begegnete, wo Ken Saro-Wiwa 1962 mein Schüler wurde – ist auch heute noch, neben Ife und Port Harcourt, wo ich später wirken sollte, für mich der bedeutendste literarische Ort der Welt.

Besonders eng war auf der letzten Etappe meines nigerianischen Parcours (Port Harcourt 1977 bis 1992) meine Beziehung zu Ken Saro-Wiwa. In diese Zeit fiel das tragischste Ereignis meines Lebens, der Unfalltod meines geliebten Sohnes Peter, der von einem amerikanischen Pipeline-Ingenieur im Zustand der Volltrunkenheit verursacht wurde. Die Firma, der er angehörte, bevor er aus Nigeria entfloh, wußte sich durch massive Bestechung von Zeugen, Verkehrspolizei, Justiz und sogar der aus Lagos herbeigeeilten Kriminalpolizei jeder Verantwortung zu entziehen. Diese Firma, mit Standort im Dorfe Choba bei Port Harcourt, heißt Wilbros.

Aber nun muß ich auf jenen sonnigen Oktobertag des Jahres 1962 zurückkommen, an dem ich Ken Saro-Wiwa zum erstenmal sah. Ich war am 1. Oktober 1962 an der Universität Ibadan frisch zum *Lecturer in French, Grade II,* ernannt worden, nachdem ich jahrelang ein deutsches Lektorat innegehabt hatte, das ich nun nebenbei weiterversah. In Abwesenheit des noch nicht eingetroffenen Professors - der jetzt 78jährige Henri Evans lebt als Professor emeritus der Universität Ibadan in Bonn - oblag es mir, die 120 Neuzugänge der Philosophischen Fakultät in möglichst kleine Gruppen einzuteilen, die als taufrische Anfänger im Französischen nach und nach in die Obhut jüngerer Assistenten und Tutoren übergehen sollten. Die Spitzengruppe behielt ich diskreterweise für mich. Nr. 1 war Ken Saro-Wiwa. Ein anderer Kandidat, der hier ungenannt bleiben soll, blieb meiner Erinnerung nach nur durch minimale Punkte vor dem Durchfallen bewahrt, wurde aber in der Folgezeit ein anerkannter Historiker, Universitätsrektor und zu guter Letzt nigerianischer Botschafter in Bonn. Als solcher nahm er maßgeblich teil an der Hatz auf den Todgeweihten, die durch alle Länder ging.

Wer war Ken Saro-Wiwa? Das habe ich mich in den vergangenen Wochen oft gefragt, und diese Frage wird noch Generationen beschäftigen. Aber wie er da vor mir stand, an jenem sonnigen Oktobertag, klein von Gestalt, schwarz und strahlend vor Schalk und Intelligenz, fragte ich ihn lediglich nach seiner Herkunft. Die Antwort kam wie aus der Pistole geschossen: »I am a Khana.« Das klang so stolz und selbstbewußt wie der berühmte erste Satz in Paul Robesons Autobiographie: »I am a Negro.« (»Here I Stand«, London 1958) Als ich Saro-Wiwa fragend ansah, fügte er hinzu, die Khana, die aus dem alten Königreich Ghana stammten, seien von den Kolonialherren als Ogoni bezeichnet worden. Er schien auch in der Folgezeit, jedenfalls zu Anfang, nicht sonderlich viel Wert auf diese Bezeichnung zu legen. Noch in einem 1987 geschriebenen Aufsatz hob Saro-Wiwa mit dem lapidaren Satz an: »I am a Khana«. Die Khana sind eine von den Hunderten von nigerianischen Splittergruppen mit eigener Sprache und kultureller Identität, die zwischen den Mehrheitsblöcken der Haussa-Fulani, Igbo und Yoruba aufgerieben werden, die aber getreu der föderalistischen Staatslehre des unübertroffenen Denkers Chief Obafemi Awolowo, den Saro-Wiwa schon als Schuljunge glühend verehrt hatte, einen unverletzlichen Anspruch auf die Erhaltung ihrer Sprache, Kultur und Umwelt, auf Selbstbestimmung und Selbstverwaltung im Rahmen der nigerianischen Föderation haben sollten, in einem Staatswesen, in dem die Großen nie die Kleinen fressen würden: »In einer echten Föderation steht jeder noch so kleinen ethnischen Gruppe die gleiche Behandlung zu wie jeder noch so großen ethnischen Gruppe.« (Awolowo)

Erst nach 1987 trat im Zuge von Saro-Wiwas radikaler werdenden Politisierung in seinem Vokabular die Sammelbezeichnung »Ogoni« in den Vordergrund. So stellte er sich im Sommer 1992 bei der UNPO in Genf mit den Worten vor: »I am an Ogoni«. In einem Interview ein Jahr später konstatierte Saro-Wiwa den faktischen Bankrott jeglicher Form einer durch die gemeinsame Hautfarbe bewirkten Solidarität im Unglücksstaat Nigeria: »Wir alle sind schwarz, aber ein einig Volk sind wir nicht. Wir beten verschiedene Götter an, und unsere Kulturen klaffen weit auseinander.«

Aber ich will zu den Anfängen zurückkehren, als Ken, der Ken-Khana (so heißt sein Clan), sich als einziger in einer multikulturellen, vielsprachigen, von großen Stammesblöcken beherrschten Studentenschaft von etwa 200 000 Köpfen im damaligen University College Ibadan als Khana (oder Ogoni) bekannte. Er war ein Ausnahmemensch, dessen Führungsqualitäten auf der Hand lagen, aber bequem war er nicht. Autoritätsgläubigkeit war nie seine starke Seite.

1964, als er schon Herausgeber der englischsprachigen Studentenzeitschrift »The Horizon« und Leiter der studentischen Theatergruppe geworden war, stand ich mit Klaus Stephan vom Bayerischen Rundfunk, der damals in Ibadan gerade den Film »Schwarze Alma Mater« drehte, an der Trenchard Hall, und wir sahen zu, wie Ken Saro-Wiwa einen Sketch aufführte, worin er das Überhandnehmen von Tankstellen an jeder Straßenecke karikierte, denn die waren zu einer wahren Landplage geworden. Voller Lebensfreude und mit hinreißender Mimik, die den aus der »Gruppe 47« stammenden Autor Stephan besonders begeisterte, schwang er ein gelbes Schild mit der Aufschrift Agip. Das von einem seiner Mitspieler geschwungene Schild mit der Aufschrift Shell wäre in seiner Hand wohl noch prophetischer gewesen.

Als ich Ken Saro-Wiwa 1967 nach seiner gelungenen Flucht aus Biafra (oder »biafra«, wie er diesen Namen bis zu seinem Lebensende schrieb) im Gebäude der Philosophischen Fakultät der Universität Ibadan traf, sagte er mir mit der ihm eigenen Zuversicht, er werde bald zum Studium der Theaterwissenschaften in die USA reisen. Und zwar an die Yale University, die auf diesem Fachgebiet obenan stand. Kurz darauf ernannte ihn jedoch der junge nigerianische Staatschef General Yakubu Gowon (übrigens ein Duzfreund von Klaus Stephan) zum ersten Zivilverwalter der Stadt Bonny, die die Bundesstreitkräfte gerade biafranischer Kontrolle entrissen hatten. Bonny lag auf dem Territorium des durch Dekret neugeschaffenen »Rivers State«, in dem Saro-Wiwa später fünf Jahre als Kabinettsminister auf Landesebene dienen sollte, bis der Militärgouverneur des aus ethnischen Minderheiten geschaffenen Landes sich mitsamt der im Staatsverband führenden Minderheit der Ijo, der er angehörte, zur Mehrheit aufschwang und den streitbaren Berufsminderheitler Saro-Wiwa, der ständig Pfeife rauchend an ihm herummäkelte (und ihn später auch literarisch karikierte), aus dem Amt warf. Jedenfalls stand Saro-Wiwa schon als blutjunger Mann, der es gerade zum Universitätsassistenten gebracht hatte, im Ringen um die Einheit Nigerias an vorderster Front, während die, die ihn 25 Jahre später als Aufwiegler und Terroristen verteufelten und so zu seinen Mördern wurden, damals lauter Nullen und unbeschriebene Blätter waren. Aber wir Deutsche wissen ja, daß auch unbekannte Gefreite Weltgeschichte machen können.

Seine Erlebnisse im Biafra-Krieg verarbeitete Saro-Wiwa in seinem berühmten Roman »Sozaboy«, dessen Helden Mene ich mit dem tumben Toren Simplizius Simplizissimus und dessen Welt ich mit der des Dreißigjährigen Kriegs in Deutschland verglich. Eine stilistische Vorstudie zu »Sozaboy« war Saro-Wiwas Kurzgeschichte »High Life« aus seiner Ibadaner Studentenzeit, die zwei seiner Lehrer in England veröffentlicht hatten (O. R. Dathorne, Willfried Feuser: »Afrika in Prose«, 1969).

Ganz hoch anzusetzen ist auch Saro-Wiwas zeitgeschichtlicher Tatsachenbericht »On a Darkling Plain«, worin er den Leidensweg der Ogoni im Bürgerkrieg nachzeichnet. Dieses Buch schickte ich an den Bundespräsidenten Richard von Weizsäcker, der sich nach dem tragischen Tod meines Sohnes Peter als väterlicher Helfer erwiesen hatte. Saro-Wiwa hatte sich sehr für Peters kurze theatralische Sendung auf Erden interessiert, die in seiner Inszenierung von Wole Soyinkas Stück »Die Straße« an der Universität Port Harcourt ihren Höhepunkt fand. Saro-Wiwa wollte den Jungen für seine Fernsehproduktion »Basi and Company« gewinnen, der hochgemute Peter aber litt an einer Soyinka-Fixierung, die unlösbar schien. Außerdem war er Offiziersbewerber bei der deutschen Bundesluftwaffe, die ihm bis zum 1. Januar 1991 Aufschub gewährt hatte. Er ging Ken Saro-Wiwa im Tod voraus.

Oft saß Saro-Wiwa Pfeife rauchend in meinem Dienstzimmer an der Universität oder in meinem Haus, wo Dichter, Kritiker und Studenten sich die Klinke in die Hand gaben. Wir redeten über seine Bücher, seine Projekte, über die »Ogoni Bill of Rights«. Ihm lag sehr an einer deutschen Übersetzung seiner Werke. Bekanntheit bietet Schutz. Aber von den deutschen Verlagen, an die ich mich wandte, um ihnen meine Übersetzungen aus dem Englischen anzubieten, gab keiner Antwort.

Am Ende kann ich nichts Schöneres zu Ken Saro-Wiwa sagen als sein englischer Freund, der Schriftsteller William Boyd, dem er kurz vor Ende seines Lebens aus dem Gefängnis schrieb: »Ich habe mich geistig auf das Schlimmste gefaßt gemacht, obwohl ich noch auf das Beste hoffe. Der moralische Sieg wird mir gehören.« Er gehört Dir, Ken, Ruhe in Frieden.

Willfried Feuser

Willfried Feuser hatte Bundesaußenminister Klaus Kinkel am 6. Februar 1995 gebeten, sich für Freilassung und Asyl von Ken Saro-Wiwa einzusetzen; er wollte ihn bei sich aufnehmen. Helmut Schäfer, Staatsminister im Auswärtigen Amt, antwortete am 17. Februar 1995: »Die Bundesregierung verfolgt das Schicksal von Herrn Saro-Wiwa (...) mit wachsender Besorgnis. (...) Der nigerianischen Regierung ist unmißverständlich klargemacht worden, daß mögliche Zweifel am korrekten Verlauf des Verfahrens oder an der Rechtmäßigkeit des künftigen Urteils energische Proteste der Europäischen Union nach sich ziehen würden. Insofern habe ich doch die Hoffnung, daß Ken Saro-Wiwa ein faires Verfahren zuteil wird.«

Bibliographie Ken Saro-Wiwa

»A Forest of Flowers« (Paperback und auch gebunden), Saros International Publishers 1986; Neuausgabe (Paperback) Longman 1995

»A Month and a Day: A Detention Diary«, Penguin 1995

»A Shipload of Rice«, Saros International 1990

»Adaku and Other Stories«, Saros International 1989

»Basi and Company: A Modern African Folktale«, Saros International 1987

»Basi and Company: Four Television Plays«, Saros International 1988

»Bride for Mr B.«, Saros International und Saros Nigeria 1993

»Four Farcical Plays«, Saros International 1989

»Genocide in Nigeria: The Ogoni Tragedy«, Saros Nigeria 1992

»Mr B.«, Saros International 1987

»Mr B. Again«, Saros International 1989

»Mr B. Goes to Lagos«, Saros International 1989

»Mr B. is Dead«, Saros International 1990

»Mr B.'s Mattress«, Saros International 1993

»Nigeria: The Brink of Disaster«, Saros International 1991

»On a Darkling Plain: Account of the Nigerian Civil War«, Saros International 1989

»Pita Dumbrok's Prison«, Saros International 1991

»Prisoners of Jebs« (als Paperback und auch gebunden), Saros International 1988

»Segi Finds the Radio«, Saros International 1990

»Similia: Essays on Anomic Nigeria«, Saros International 1991

»Songs in a Time of War«, Saros Nigeria 1985

»Sozaboy: A Novel in Rotten English« (Paperback und auch gebunden), Saros Nigeria 1985; Neuausgabe (Paperback) Longman 1994

»The Singing Anthill: Ogoni Folk Tales«, Saros International 1990

»Transistor Radio«, Saros International 1989

Anschriften

amnesty international, Sektion der Bundesrepublik Deutschland, Postfach, 53108 Bonn

Bayreuth African Studies, Forststraße 3, 95488 Eckersdorf

Civil Liberties Organization, c/o Claudia Lehmkuhl, Gartenstraße 8, 47179 Duisburg

Gesellschaft für bedrohte Völker, Postfach 2024, 37010 Göttingen

Greenpeace, Vorsetzen 53, 20459 Hamburg

Human Rights Watch, 15 rue Van Campenhout, B-1040 Brüssel

Oro Verde, Bodenstedtstraße 4, 60594 Frankfurt

The Body Shop Deutschland, Graf-Landsberg-Straße 1 H-K, 41460 Neuss

The Ogoni Community Association, 3-4 Albion Place, GB-London W6 OLT

Unrepresented Nations and Peoples Organization (UNPO), Office of the General Secretary, 40a Javastraat, NL-2585 Den Haag

Quellenverzeichnis

S. 11 Copyright: Holger Ehling

S. 37 Copyright: Wole Soyinka – Zuerst erschienen in: Der Spiegel, Nr. 47/1995

S. 83 Copyright: Wole Soyinka – Zuerst erschienen in: Die Tageszeitung, 23. 11. 1995

S. 94 Copyright: Washington Post Service – Zuerst erschienen in: Die Tageszeitung, 28. 11. 1995

S. 100 Copyright: Willfried Feuser

Wir danken für die Nachdruckgenehmigung.

Das Buch stützt sich unter anderem auf folgende Quellen:

amnesty international: Nigeria – The Ogoni trials and detentions; London 15. September 1995

Nigeria – A Travesty of Justice; London, 26. Oktober 1995

Birnbaum, Michael: Nigeria – Fundamental Rights Denied; London, Mai 1995

Boele, Richard: Ogoni – Report of the UNPO Mission; Den Haag, 1. Mai 1995

Gesellschaft für bedrohte Völker (GfbV): Arbeitsdokumentation Ogoni in Nigeria; Göttingen, 4. Oktober 1995

GfbV: Shell ist mitverantwortlich für die Menschenrechtsverletzungen; Göttingen, 13. November 1995

Human Rights Watch/Africa: Nigeria – The Ogoni Crisis; New York, Juli 1995

The Body Shop Deutschland (Hg.): Ogoni Info; Neuss, September 1995

Omoweh, Daniel A.: Shell, Environmental Pollution, Culture and Health in Nigeria; afrika spectrum, Institut für Afrika-Kunde, Hamburg 1995

Rowell, Andrew: Greenpeace-Report: Shell-Shocked; Amsterdam, Juli 1994

Shell International: Die Erdölindustrie in Nigeria; London 1995. Shell Nigeria: The Ogoni Issue; 25. Januar 1995

Weltbank: Defining an Environmental Development Strategy for the Niger Delta; Washington, 25. Mai 1995

Über den Autor

Manfred Loimeier ist Redakteur beim »Mannheimer Morgen« und Mitarbeiter der Zeitschrift »AFRICA International«.